mdv

Ulrich Röfer

Wasser marsch!

Streifzüge durch die Geschichte
des Feuerlöschwesens

mdv Mitteldeutscher Verlag

Die Deutsche Bibliothek – CIP-Einheitsaufnahme
Wasser marsch!/Ulrich Röfer.
– 1. Aufl. – Halle (Saale): mdv, Mitteldt. Verl., 2001

ISBN 3-89812-048-1

Abbildungen:
Umschlagfoto: Öffentliche Versicherungen Sachsen-Anhalt
Deutsches Feuerwehrmuseum Fulda, S. 139
Feuerwehrmuseum Grethen/Sachsen, S. 81, 129, 137
Technisches Halloren- und Salinemuseum, S. 36
Privatarchiv Röfer

1. Auflage 2001
© mdv Mitteldeutscher Verlag GmbH, Halle (Saale) 2001
Umschlaggestaltung: Peter Hartmann
Printed in Germany

Inhalt

Schwanenhälse und Feuerlöschbomben – die Technik

Geleitwort

„Wohltätig ist des Feuers Macht, wenn sie der Mensch bezähmt, bewacht", schrieb einst Friedrich Schiller im Lied von der Glocke und fügte hinzu, daß der Mensch viele seiner Errungenschaften der Kraft dieses Elements verdanke.

Feuer also als etwas Positives, Helfendes, ein Zeichen von Fortschritt, Kultur und Zivilisation. Doch Schiller kannte natürlich auch die andere Seite dieser Himmelsmacht: „Wehe, wenn sie losgelassen, wachsend ohne Widerstand, durch die volksbelebten Gassen, walzt den ungeheuren Brand." Diese 200 Jahre alten Worte haben ihre Bedeutung bis heute nicht verloren. Die Brandgefahr kann nicht von der Erde verbannt werden. Die Menschen sind auch heute, wie schon zu Schillers Zeiten, bedroht von Flammen, Qualm und Hitze. Die Gefahr ist die gleiche, sie ist jedoch mit der Entwicklung von Wissenschaft und Technik und nicht zuletzt der Entwicklung des Menschen selbst beherrschbarer geworden. Seit dem Mittelalter wissen wir von genossenschaftlichen Hilfen zur Bekämpfung von Bränden. Aber auch schon vorher, z. B. zu Zeiten der Römer, gab es Sicherheitsdienste mit organisierten Wasserträgern. Seit den ersten Stadtgründungen gab es Feuerordnungen u.a. zur Alarmierung der Einwohner zur Bekämpfung von Schadenfeuern.

Feuerwehren nach unserem heutigen Verständnis gibt es erst seit gut 150 Jahren. Um 1800 entstanden festgefügte Feuer- und Rettungsgesellschaften/ -korps, Vorgänger unserer heutigen freiwilligen Feuerwehren. Ja, Feuerwehren haben lange Traditionen. Seit jeher war es Aufgabe der Gemeinschaft, Brände und andere Naturereignisse gemeinsam zu bekämpfen und abzuwehren. Ein weites Feld also für jemanden, der sich dem Thema Feuerwehrgeschichte verschrieben hat. Und zugleich ein äußerst interessantes, allein schon, würde man nur die Entwicklung der Feuerwehrtechnik betrachten.

Heutzutage haben wir moderne, schlagkräftige, wachsame und gut ausgerüstete Feuerwehren. Bestes Gerät, praxisorientierte, harte Ausbildung und vorbildlicher Idealismus finden ihren Niederschlag in den enorm kurzen Ausrückezeiten. Sie lassen die Bürger ruhiger schlafen.

Im Notfall, so wissen diese, sind die Frauen und Männer der Feuerwehr schnell zur Stelle, haben das notwendige Rüstzeug und retten, löschen, bergen und schützen, wo immer es möglich ist. Getreu dem Leitspruch, der sich vor ungefähr 100 Jahren entwickelt hat und zum Leitspruch für viele Feuerwehren wurde:

„Gott zur Ehr',
dem Nächsten zur Wehr!"

Dr. Manfred Püchel
Minister des Innern des Landes Sachsen-Anhalt

Einleitung

„Und dann kam eine Zeit, in der der Mensch sich eines großen Wunders und Geheimnisses bemächtigte, einer Naturerscheinung, die er lange mit ehrfürchtigen Staunen, ja mit Ängsten betrachtete: des Feuers."

Bruno H. Bürgel 1875–1948

Parallel zu diesem Zeitpunkt erwuchs ein Verhältnis zwischen Mensch und Feuer, das bezogen auf Nutzen und Schaden, ein Freund-Feind-Verhältnis genannt werden muß. Dieses Verhältnis gibt es bis heute.

Die hier versammelten Beiträge stellen einen diagonalen Streifzug durch die Historie das Brandschutzes dar und berühren dabei auch Randgebiete. Sie sind für Menschen geschrieben, die ein Interesse an der Geschichte des Feuers, der Brandkatastrophen und ihrer Bekämpfung, an der Entwicklung technischer Hilfsmittel und der Organisation Brandbekämpfung haben. Vor allem für junge Menschen, die damit einen Einblick in die Belange unserer Feuerwehrvorfahren erhalten.

Im Laufe der Geschichte ersannen die Menschen vielfältige Methoden, Brände zu verhindern und Feuer zu bekämpfen. Sie begannen das Löschwesen zu organisieren: Die freiwilligen und Berufsfeuerwehren der heutigen Zeit sind das Resultat dieser Entwicklung. Parallel wurden die technischen Hilfsmittel verbessert und erweitert. Aber immer waren und sind es die Frauen und Männer im Einsatz, die die Hauptlast der Brandbekämpfung trugen. Und so heißt es auch in einem alten Feuerwehrspruch: „Wichtig ist das Gerät der Feuerwehr. Noch wichtiger die Hand, welche das Gerät bedient. Am wichtigsten ist aber der Geist, welcher diese Hand führt."

Zum Gelingen einer Sache ist immer Geist nötig. Geist gepaart mit Enthusiasmus, der auch Rückschläge verarbeitet. Das Feuerlöschwesen lebt von diesem Geist, diesem Enthusiasmus, der Liebe der Feuerwehrleute zu ihrer Profession. Wo wäre das Feuerlöschwesen heute, wenn es nicht immer Männer und Frauen gegeben hätte, die sich mit Begeisterung für „ihre" Sache eingesetzt haben.

Erinnert sei in diesem Zusammenhang an die schweren Jahre nach Ende des II. Weltkriegs. Zerbombte Gerätehäuser, zerstörte Löschgeräte, bis auf das Minimum dezimierte Einsatzkräfte. Jeder hatte mit sich zu tun. Und doch fanden sich bald wieder Menschen, die gemeinsam das Feuerwehrwesen wieder aufbauten.

Der Weg zum Feuerlöschwesen der heutigen Zeit ist gepflastert mit zahllosen Rückschlägen, mit Brandkatastrophen, mit Verelendung, Obdachlosigkeit und Tod. Oft vergingen Jahre und Jahrzehnte bis gewonnene Erkenntnisse sich in neuer Technik und verbesserten Brandbekämpfungsmaßnahmen niederschlugen.

Vielfach mußten erst Schadenereignisse größeren Ausmaßes eintreten, um bereits erkannte Mängel zu beseitigen. So veranlaßte erst der große Brand von Hamburg 1842 viele Kommunen in Deutschland über ihre Maßnahmen zur Brandverhinderung bzw. -bekämpfung nachzudenken und diese zu verbessern.

Zu beachten ist auch, daß der Weg zum heutigen Feuerlöschwesen sozusagen zweimal betreten wurde. Denn bereits in der Antike gab es Anfänge einer organisierten Brandbekämpfung, gab es geradezu geniale Erfindungen von Löschgeräten. Mit dem Niedergang des alten Roms, mit der Völkerwanderung und ihren Wirren geriet dies alles in Vergessenheit. So mußte in den Kommunen des Mittelalters „das Rad" nochmals erfunden werden: von den Berufsfeuerwehren der Antike, über den Handwerkerlöschdienst zu technischen Errungenschaften wie der Wasserpumpe und der sich daraus entwickelnden Feuerspritze. Geblieben war in dieser Zeit eigentlich nur der lederne Löscheimer – der sprichwörtliche Tropfen auf den heißen Stein.

Aber die deprimierende Hilflosigkeit der Bewohner mittelalterlicher Kommunen gegenüber der Einwirkung von Schadfeueren brachte im Laufe der Zeit Veränderungen hervor, die zu einem System führten, das wir heute allgemein als Feuerwehr bezeichnen.

Die Brandverhütung und -bekämpfung stellt auch in jetziger Zeit für die Feuerwehrleute eine Herausforderung dar. Moderne Technik, professionelle Ausbildung und intensives Training helfen ihnen im Kampf gegen das Feuer zu siegen. Doch noch immer fallen Gebäude den Flammen zum Opfer, sterben Menschen bei Bränden. Gerade deshalb sollte man nicht vergessen, daß das Fundament der Institution Feuerwehr immer die Freiwilligkeit war. Diese Freiwilligkeit garantiert noch heute das flächendeckende Feuerlösch- und Rettungswesen.

Die Absicht des Autors wäre erfüllt, wenn dieses Buch das Geschichtsbewußtsein anregen würde und Antwort auf diese und jene Frage bei den Bemühungen des Menschen im Kampf gegen das Feuer geben würde, ja vielleicht den einen oder andern gar dazu anregt, sich einer freiwilligen Feuerwehr anzuschließen, denn, wie es in einem alten Sprichwort heißt:

„Ein Feuer muß man nicht besprechen, sondern begießen."

Mein Dank gilt abschließend Frau U. Göppert und Herrn A. Schunack für die Unterstützung meiner Arbeit.

Ulrich Röfer
Halle (Saale), im August 2001

Das Feuer – Segen und Fluch der Menschheit

Der Mensch und das Feuer in der Mythologie

Nach der Sage war das Feuer himmlischen Ursprungs. Es wurde aber von den Menschen übernommen und zu beherrschen und zu gebrauchen gelernt. In allen Kulturgebieten finden wir Märchen und Mythen vom Feuer. Sinnreiche Sprüche und Redensarten runden das Bild ab. Alle diese Dinge sind Zeichen dafür, daß der Mensch dem Feuer eine große Bedeutung und ja lebenswichtige Rolle beimißt.

Es hatte bei unseren Alten eine zweifache Bedeutung: Es wurde spirituell gebraucht, um gegen Dämonen und Geister seine Kraft einzusetzen, und man nutzte es profan: Es spendete Licht und behagliche Wärme, diente der Essenbereitung und beim Herstellen verschiedenster Gebrauchsgüter.

Als der Sage nach Prometheus das Feuer für die Menschen vom Himmel holte, war das der Zeitpunkt, daß der Mensch sich über das Tierreich hinaus erhob. Im antiken Griechenland meinte man, daß gleichzeitig mit dem Erhalt des Feuers das Selbstbewußtsein des Menschen entfacht wurde, denn als einziges der vier Urelemente (Feuer, Wasser, Luft, Erde) kann der Mensch das Feuer selbst erzeugen. Durch die Hilfe des Feuers stellte er seine Werkzeuge und Waffen her. Er brannte sich aus Lehm Ziegel, aus Ton sein Geschirr. Erze aus dem Erdinnern konnten aufbereitet werden. Aber die Mythologie berichtet uns, daß die Götter neidisch auf das Geschenk des Prometheus an die Menschen waren. Prometheus wurde für seine Wohltat vom Göttervater Zeus grausam bestraft. An den Kaukasus geschmiedet, zerfleischte ihm ein Adler täglich die nachts nachwachsende Leber, bis ihn Herakles befreite.

Die mythologischen Götter der Antike trauten dem Feuer große Kräfte zu. Sie stellten ihre Feuerschalen und Herde neben das Ehebett, weil sie vom Feuer Zeugungskraft und Fruchtbarkeit erhofften.

Da man von Anfang an dem Feuer übernatürliche Kräfte nachsagte und zutraute, wurde es auf dem ganzen Erdball verehrt. Feuerkulte entstanden.

Heraklit, der griechische Philosoph, sah im Feuer die Grundlage aller Dinge. Er begrüßte seine Gäste, indem er auf das Herdfeuer deutete mit den Worten: „Hier sind die Götter." Besonders bekannt wurden als Hüterinnen des Feuers im griechischen Athen und Delphi Frauen, die dem ehelichen Verkehr entsagt hatten.

Vesta war die Göttin des häuslichen Herdes in Rom. Man unterhielt im sogenannten Vestatempel in Rom ein heiliges Staatsfeuer, das nie ausgehen durfte. Er wurde aus diesem Grund auch Altar des unsterblichen Volkes genannt. Die Hüterinnen dieses Feuers stammten aus den vornehmsten Geschlechtern.

Darstellung des Vestatempels in Rom.

Sie besaßen so großes Ansehen, daß sie selbst die zum Tode Verurteilten begnadigen konnten. Verlosch aber das von ihnen bewachte Feuer durch ihre eigene Schuld, fielen sie selbst dem Tode anheim.

Gewaltige Kräfte wurden dem Feuer in Indien nachgesagt und das schon vor unserer Zeitrechnung. Als Fruchtbarkeitssymbol galt zum Beispiel das Anzünden des Feuers durch die Reibung des Holzfeuerbohrers. Diese Tätigkeit wurde mit dem Akt der Zeugung verglichen. Nach altindischem Brauch führte man die Braut mehrmals um das lodernde Feuer.

Das unauslöschliche Herdfeuer war Stammesfeuer in vielen Regionen Afrikas. Als Hüter desselben wurden nur Priesterinnen und Priester bestimmt. Auch im alten Mexiko und Peru brannte es in Sonnentempeln zu besonderen Anlässen.

Bekannt ist der Feuerkult aus dem alten Iran. Man baute Feuertempel zu Ehren des Gottes Mithras. Der wichtigste Raum, das Allerheiligste, ist das Feuergemach. In diesem völlig isolierten Raum bediente ein Priester mit einer Mundbinde und Handschuhen das Feuer, denn es durfte nicht durch den Atem oder durch die Hände verunreinigt werden. In diesem Feuer, das mit gereinigten Zangen geschürt wurde, wurden nur edle, wohlriechende Hölzer verbrannt. Durch dieses heilige Feuer solle die Natur und das Leben geläutert werden.

Die Germanen brannten zu Ehren ihres Gottes Wotan Frühlingsfeuer an, um die Fruchtbarkeit herauszustellen. Zu Ostern wurde durch ein Feuer der „Dämon" Winter verbrannt. Durch das Überspringen des Feuers glaubte man neue Kraft für das Jahr zu gewinnen.

Bei Seuchen von Menschen und Vieh entzündeten die Germanen das Notfeuer. Es wurde von zwei jungen Männern aus dem Holz der Eiche oder Erle durch Reiben entfacht. Mit dem Brand entzündete man einen Holzstapel, der aus Holz von jedem Haus bestand. Dann sprang man über die Flammen, trieb die Tiere hindurch, mit rauchenden Holzscheiten wurden Felder und Wiesen oder Einzelobjekte angeräuchert. Die Asche wurde als Heilmittel verwendet. Schließlich nahm sich jeder ein brennendes Holzstück mit nach Hause, um sein eigenes Herdfeuer wieder anzuzünden, das vor dem Ritual gelöscht worden war. Auch heute noch erinnern uns brennende Kerzen an jene Feuerkulte. In katholischen Regionen werden auch heutzutage am Allerseelentag brennende Kerzen auf die Gräber gestellt. In den Kirchen ist das brennende Licht Symbol für die Gegenwart Gottes. In orthodoxen Kirchen in Synagogen brennt ein ewiges Licht. Das Olympische Feuer symbolisiert das Zusammengehörigkeitsgefühl der Völker und ihren friedlichen Wettstreit. Aber Salomon weist in seinen Sprüchen auf die Gefährlichkeit des Feuers hin. Hat es sich seiner Fesseln entledigt, in den es als gebundenes Tier lag, kann es zum Ungeheuer werden.

Holzteller kontra Feuersbrunst: Der Aberglaube im Feuerlöschwesen

Der Mensch in seiner Hilflosigkeit gegenüber den furchtbaren Feuersbrünsten, vor allem im frühen Mittelalter, schrieb diese, da er keine andere Erklärung fand,

Mittelalterliches AGLA-Zeichen.

der Strafe Gottes zu. So bestand der „Brandschutz" in damaliger Zeit neben primitiven Löschutensilien hauptsächlich aus Beten. Sogenannte Feuerheilige, vorrangig in Süddeutschland, wurden bei einer Feuersbrunst angerufen oder „vorbeugend" in das tägliche Gebet einbezogen. Der heilige Florian ist uns heute genauso noch ein Begriff wie die heilige Barbara, welche als Gewitterbannerin galt. Im Norden Deutschlands benutzte man gegen Gewitter einen aus Stroh hergestellten Blitzbesen. Auch von einem Blitzstorch ist die Rede. In anderen Gegenden schrieb die

Bevölkerung Mönchen die Gabe zu, Brände durch dreimaliges Umreiten löschen zu können. Der religiöse Wahn, der auch viel später noch die Verbreitung der Feuerordnungen erheblich erschwerte, verbot geradezu das Bekämpfen eines Schadenfeuers. In diesem Zusammenhang wurde einmal ein fortschrittlicher Geistlicher von einem Gemeindemitglied gefragt, mit was denn sonst der Herr die Menschen strafen solle als mit Feuer? Der Geistliche hatte die einzig richtige Antwort parat, er antwortete: „Mit Dummheit, Mann." Auf dem Lande steckte der Bauer ge-

Beschriebener Holzteller (1742).

weihte Ähren hinter seine Haushaltsgegenstände, welche die Kraft haben sollten, Blitze abzuleiten. An Haus und Stalltüren genagelten Kräuterkränzen schrieb man gleiche Wirkung zu. Auch galt der Brauch, und er hielt sich sehr lange, das Feuer zu besprechen. Hierbei spielte das Wort AGLA eine große Rolle. AGLA war ein Geheimwort und gebildet aus den Anfangsbuchstaben des Satzes „Attah Gibot Leolam Adonei", d.h. „Du bist stark Herr in Ewigkeit."

Selbst in einer Zeit, die sich schon sehr früh für aufgeklärt und fortgeschritten hielt, gab es noch höchst merkwürdige Auswüchse. So zum Beispiel 1742 als der Herzog von Sachsen-Weimar seinen Untertanen befahl, nach Vorschrift mit frischer Tinte beschriebene Holzteller, von welchen schon gegessen wurde, bei abnehmenden Monde freitags zwischen 11 und 12 Uhr, immer bereit zu haben, um einem Brand durch hineinwerfen dieser Teller zu löschen.

Der Aberglaube im Volk wird aber etwas gemildert, wenn man bedenkt, daß sich ja selbst die Wissenschaft um das geheimnisvolle Wesen des Feuers lange nicht im klaren war. Erst die Erkenntnisse des französischen Chemikers Lavosiers (1743–1794) brachten Licht in das Dunkel und erklärten auf natürliche Art den Verbrennungsprozeß. Der Aberglaube um den Mythos Feuer war damit aber noch lange nicht abgeschafft. Es dauerte noch einige Zeit, ehe sich die Überzeugung durchsetzte, daß einem Feuer nicht durch rituelle Sprüche zu begegnen sei; sondern durch eigenes Verhalten, Vorbeugung und gut ausgebildete und ausgerüstete Löschmannschaften.

Ein Wahlspruch gegen „Feurio"

Ein aufmerksamer Betrachter kann sie oft entdecken: geschnitzt, gemalt, in Stein gemeißelt. Gemeint sind die Haussprüche. In unseren mittelalterlichen Stadtkernen kann man sie noch häufig antreffen. Nun wird sich der Leser fragen, was so ein Hausspruch mit dem Brandschutz zu tun hat? Auch im Hausspruch drückte sich die lähmende Angst des Menschen der damaligen Zeit gegenüber der großen Feuergefahr aus. In ihm suchte er geistigen Beistand.

Man kann sagen, daß es den Hausspruch gibt, seit sich der Mensch feste Häuser baute und des Schreibens und Lesens kundig war. Schon aus dem wieder ausgegrabenen Pompeji (79 n. Chr.) sind uns solche Sprüche bekannt. Der Hausspruch stellt eine Fortführung all der Zeichen dar, die der Abwehr des Bösen dienen sollten, wie Drudenfuß, Hufeisen, Kreuz, Medusenhaupt usw. Obwohl der Hausspruch ein breites Spektrum beinhaltet, wurde er am meisten gegen Brandgefahr angewandt. Daraus wird deutlich, daß diese Gefahr eine der Hauptsorgen unserer Vorfahren darstellte. Nicht umsonst finden sich ähnliche Sprüche auch an den häufigsten Ausgangspunkten dieser Gefahr, wie Öfen und Herden, wieder. Nahe verwandt mit dem Hausspruch sind Sprüche auf Kanonen, Glocken und Gerätschaften. In Deutschland wird der Hausspruch seit Ende des 15. Jahrhunderts nachgewiesen und taucht an Bauern-, Bürger- und Rathäusern auf. Seine Blütezeit erlebte er von der Reformationszeit bis ins 17. Jahrhundert. Auch aus Frankreich, Österreich, Italien, der Schweiz und England sind Haussprüche gleicher Sinngebung bekannt. Da dieser Spruch der Öffentlichkeit verkünden sollte, unter welchen Schutzbefohlenen das jeweilige Haus stand, war er immer gut sichtbar angebracht, zum Beispiel am Hauptbalken des vortretenden Obergeschosses, dem Türrahmen, der Tür selbst, dem Sturzbalken, dem Schlußstein des Gewölbes usw. Auch in besonders markante Stellen im Fachwerk von Gebäuden sind solche Sprüche geschnitzt. Der visuelle Wert wurde damit besonders herausgestellt.

Um die gesamte Stadt zu „schützen", war oft auch eine Inschrift am Stadttor angebracht. So zum Beispiel in Colmar am früheren Deinentor: „Wo der Herr nicht die Stadt behütet, wachen die Wächter umsonst."

Die Sprüche beinhalteten die Bitte um Schutz vor Feuer, hauptsächlich an den heiligen Florian, an die heilige Agatha und an Gott selbst. Hier einige Beispiele aus der breiten Fülle:

„Dieses Haus steht in Gottes Hand
Zum Rebleuthof bin ich genannt
Gott bewahr mich vor Für [Feuer] und Brand. "

„Diese Scheier [Scheune] steht in Gottes Hand
Er hüte sie vor Feier und Brant
Und unser ganzes Vaterland. "

15

„S. Agatha bitt für uns allzusammen
Errette uns vor zeitlichen und ewigen Flammen.
Behüt uns vor dem roten Hahn
Patron der Töpfer Florian."

„Dieses Haus auf fester Erd
Ist mit Eimern gut bewehrt
Auch Sprütz und Hacken sind allhier
Damit's nit zünd sei Gott dafür."

Aber auch ein Ergeben in das eigene Schicksal war aus manchen Sprüchen abzulesen:

„Gottes Zorn brannt uns nieder
Gottes Güte baut uns wieder."

Humor im Unglück zeigt der folgende Spruch:

„Gott segne das Haus
Zweimal rannt ich heraus
Denn zweimal ist es abgebrannt
Komm ich zum dritten Mal gerannt
Da segne Gott meinen Lauf
Ich bau's wahrlich nicht mehr auf."

Obwohl der Hausspruch mit Ende des 17. Jahrhunderts seltener wird, erlebt er vor allem in der Architektur der 1870er Jahre einen neuen Aufschwung. Der Zeitgeschmack der nachfolgenden Jahre läßt ihn aber nach und nach verschwinden. Vor allem stellte der Hausspruch aber ein Brauchtum volkstümlicher Art dar, welches die Angst und Ohnmacht des Bürgers vor Brandunglücken geschichtlich dokumentiert. Vielleicht wird der Hausspruch als Ausdrucksform der Bitte um Feuerschutz heute belächelt, aber da sei auf den Spruch am Wernigeröder Rathaus von 1492 hingewiesen. Dort kann man heute noch lesen:

„Einer acht's
der andere betracht's
der dritte verlacht's
was macht's?"

„Ein Feuer muß man nicht besprechen, sondern begießen": Sprichwörter und Redensarten um das Feuer

Das Wort Feuer ist ein sehr altes Wort. Man findet es in allen Kulturkreisen der Welt. Ursprung unseres Wortes ist im Indogermanischen „peuor" und „pur" zu finden. Die alten Griechen nannten es „pyr" (πυρ). Das von uns jetzt gebrauchte Wort Feuer hat sich im Laufe der Zeit aus dem althochdeutschen „fiur" entwickelt. Seit der Entdeckung des Feuers war es dem Menschen gleichzeitig Freund und Feind. Es diente ihm zur Zubereitung seiner Speisen, zur Erwärmung seines Körpers und seiner Behausung. Es half ihm bei der Herstellung seiner Werkzeuge und Waffen, und nicht zuletzt spielte es in mythischer Hinsicht eine dominierende Rolle. Aber es zerstörte auch alle seine Errungenschaften, warf ihn in seiner Entwicklung zurück, brachte Armut und Not. Weil sich der Mensch lange Zeit nicht erklären konnte, woher das Feuer kam und wie es entstand, lebte er in ständiger Angst, Scheu und vor allen Dingen Ehrfurcht vor dieser Erscheinung. So wurde das Feuer als besonderes Geschenk der Geister, Götter oder Dämonen betrachtet.

Mit dem Gebrauch des Feuers betrat der Frühmensch eine neue Stufe auf seinem Weg zum Jetztmenschen. Wo eine Feuerstelle war, dort lebten Menschen. Wo man ein Feuer anzuzünden verstand, lagen die Grundlagen der Kultur. Das Feuer stellte somit eine Basis in der Evolution des Menschen bis in unsere Zeit dar. Auch das Freund-Feind-Verhältnis zum Feuer hat sich bis in unsere Zeit fortgesetzt. Sich dieses Verhältnisses bewußt seiend, regte es die Menschen zu allerlei Sprüchen und Redensarten an. Diese Redensarten werden auch als die Rhetorik des Volkes bezeichnet, mit der man vieles ausdrücken kann, was mit anderen Worten schwer zu sagen wäre. Im folgenden ist eine Auswahl von diesen Sprüchen zusammengestellt.

Feuer und Wasser sind gute Diener, aber schlimme Herren;
Das Feuer wird durch seine eigene Asche erhalten;
Wer ein Feuer austreten will, hüte sich vor dem Funken;
Es ist leicht ein Feuer anzuzünden, schwer aber dasselbe zu löschen;
Wo viel Feuer ist, muß man viel Wasser hintragen;
Wer's Feuer bläßt an, der verbrennt sich daran;
Feuer hat großen Nutzen, wer es aber küssen wollte, verbrennt sich den Mund;
Die beim Feuer sitzen, kriegen den Rauch, und müssen schwitzen;
Das Feuer, das den Bart ergriffen hat, wird auch das Haupthaar verzehren;
Verdecktes Feuer, heißes Feuer;
Feuer und Rauch sind nahe beieinander;
Wer das Feuer scheut, muß kein Schmied werden;

Feuer verzehrt, Wasser ernährt;

Wer dem Feuer zusieht, den frißt es;

Ziehst du in den Krieg, so bete einmal, gehst du zur See, zweimal, siehst du ein Feuer, aber dreimal (russisch);

Ein Feuer setzt Flammen an wie das Schwein Fett (skandinavisch);

Wer das Feuer nicht schätzt, wird es bald haben (isländisch);

Den Tiger für einen Engel halten, hieße Feuer ins Heu legen (indisch);

Zwischen Feuer und Brand ist kein anderer Unterschied als der, daß dieses im Hause ist und jenes auf dem Hause (römisch);

Feuer ist eine gute Gabe, bewahre es wohl, damit nicht der Teufel Nutzen davon habe (um 1600);

Feuer ist eine Angelegenheit, die nur mit Fingerspitzengefühl in Gang gebracht, mit Geduld unterhalten und mit Raschheit gelöscht werden kann (französisch);

Es hilft dir kein Gegrübel, bei bösen Feuer Übel (um 1700);

Wer ein fewer muss leschen, der lescht viel leichter anfangs die Funcken (Mittelalter);

Wer Feuer rufen hört, denkt zuerst an sein Haus;

Angenehm ist des Feuers Gunst, wichtiger doch des Löschens Kunst;

Das Feuer mit Glut und Flamme beschwert, zerstört mehr auf Erden als das Schwert;

Das Feuer anfachen kann jeder Stümper, das Löschen aber ist eine Sache der Kenner.

Der Hahn auf dem Turm – Wächter oder Wetteranzeiger?

Wir alle haben schon nach oben auf Dach und Turm geschaut, um den Wetterhahn zu befragen, woher der Wind weht. Nicht allein daß dieser Hahn schmückender Abschluß des Turmknopfes war und ist, es muß schon etwas für sich haben, ihn häufig dort anzutreffen. Die Frage drängt sich auf, warum zahlreiche Türme und Dächer von profanen und klerikalen Bauten von Hähnen gekrönt werden. Bestimmt nicht als Windrichtungsanzeiger allein. Wenn der rote Hahn auch allgemein als Zeichen für Feuer und Brandstiftung ausgelegt wird, kann man sich nur schwer vorstellen, daß in einer von Aberglauben durchsetzten Zeit gerade dieses Symbol auf Dach und Turm befestigt wurde. Der Hahn hat in Bezug auf Brandstiftung und Feuer selbst immer eine Rolle gespielt. In dieser Anlehnung trugen sogar namhafte Feuerwehrtreffen seinen Namen („Der Rote Hahn"). Dieser Ausdruck ist auch heute noch so bekannt, daß jeder weiß, was damit gemeint ist.

Der Hahn auf dem Veits-Dom in Prag.

Doch es gibt durchaus Beispiele, in denen der Hahn gerade das Gegenteil zu sein scheint – welche Farbe er auch immer hatte. Der Hahn auf dem Turm begegnet uns zum ersten Mal im 10. Jh. n. Chr. in einer Chronik von St. Gallen. Der berühmte Wandteppich von Bayeux zeigt zu Beginn des 12. Jh. auf der Westminsterabtei einen Hahn mit ausgebreiteten Flügeln. Auch im Frankreich der gleichen Zeit sind Turmhähne bekannt. Anhand dieser europaweiten Vorkommen stellt sich die Frage, ob dem Turmhahn eine größere Bedeutung als die des Wetteranzeigers eingeräumt wurde. Sollte er wegen seines hohen Platzes eine Art Wächterfunktion ausüben? Wächter über Naturereignisse, wie Sturm, Regen und Blitz. Er hätte dann, bezogen auf den Blitz als Brandverursacher, eine eher feuerabwehrende Aufgabe.

Der besagte Turmhahn von St. Gallen wurde im 10. Jh. von den einbrechenden heidnischen Ungarn als Gottheit angesehen: Ein ungarischer Krieger wollte ihn, weil er ihn aus Gold vermutete, mit seiner Lanze herabstoßen. Dabei fiel er aus dem Turmfenster in die Tiefe und verstarb. Voller Schrecken und Ehrfurcht vor diesem feuermächtigen Gott, verließen die Ungarn den Ort. So die Chronik. Der Hahn wurde also als göttlicher Schützer des Anwesens angesehen. Die Gleichheit des Ortsnamens St. Gallus mit dem Tiernamen (gallus, lat. der Hahn) bestärkte die Ungarn in ihrer Annahme. Überhaupt gibt es Deutungen, daß das Bildnis des Hahnes in damaliger Zeit als heidnisches Zeichen gegen Feuergefahr angesehen wurde. Nach alten vorchristlichen Vorstellungen war das Feuer ein über die Dächer laufendes, fressendes Tier. Sollte der Turmhahn dieses stoppen? Wir wissen darauf keine Antwort, nur wäre damit die Deutung des roten Hahnes ins Gegenteil gekehrt. Nach einer Annahme von E. Stemplinger (1918) war der rote Hahn bei den Germanen und Griechen im Altertum ein Feuerabwehrsymbol.

Er galt bei den alten Griechen als Sinnbild der Wachsamkeit und des Sonnenaufganges und war als Opfertier auserwählt. Die Römer sahen in ihm wegen seines Krähens am frühen Morgen den Abwehrer alles Bösen. Die Iraner der Frühzeit verehrten den Hahn als Zeichen der Wahrheit und des Lichtes. Er galt bei ihnen als Gottesvogel. In einigen Gegenden Deutschlands war es Brauch, auf die letzte Erntefuhre den roten, aus Blech bestehenden Erntehahn zu setzen, welchen der Bauer später am Scheunentor befestigte. Der Hahn sollte das wertvolle Erntegut vor Feuer schützen. Einer der wohl ausdrucksvollsten Turmhähne aus Kupfer steht auf dem Dach des St.-Veits-Doms in Prag. Er beherrscht von seiner hohen Stelle das Areal von Burg und Stadt. Nach den Vorstellungen der alten, heidnischen Tschechen galt der Hahn als Opfervogel für den Ernte- und Fruchtbarkeitsgott Svantevit. Seine exponierte Stellung sollte das demonstrieren.

Symbole und Zeichen auf Türmen mit abwehrender Aufgabe sind nicht selten. So haben zum Beispiel die Stachelkronen auf den Blauen Türmen der Marktkirche und dem Roten Turm in Halle/Saale die Aufgabe, Unglück bringende Geister abzuwehren und zu vertreiben. Daraus ließe sich auch die Schutzfunktion des Turmhahnes ableiten. Auf den Hausmannstürmen besagter Marktkirche in Halle, ist die Wetterfahne halb Mensch halb Hahn, mit einem Bogen schießend dargestellt. Der Pfeil ist in die Wolken gerichtet.

Ist das als Abwehrstellung aufzufassen? Abwehr gegen alles Böse, so auch gegen Feuer?

Im Zeichen des roten Hahns: Brandstifter und Feuerleger

Die Furcht im Mittelalter vor Feuersbrünsten war nur allzu berechtigt. Die enge Bauweise, die Baumaterialien, die unzureichenden Löschmaßnahmen und der Aberglaube begünstigten einen Brand geradezu. Aber Blitzeinschläge, sorgloser Umgang mit Feuer und Licht, Kriegseinwirkung durch Beschießung machten die Angst allein nicht aus. Sie wurde sehr oft durch Brandstiftung und schon durch die Drohung damit genährt.

So ziehen sich durch unsere frühe Geschichte eine ganze Reihe von Begebenheiten, welche diese Furcht der Städtebürger zum Anlaß nahmen. Fehdebriefe mit Ankündigung von Brandstiftung versetzten den einfachen Bürger bis hinauf zum Handels- und Ratsherren immer wieder in Angst und Schrecken. Diese Fehde- und Drohbriefe waren oft zur Bekräftigung der geplanten Tat mit einer Stich- oder Schußwaffe aber eben so oft mit dem Sinnbild der Brandstiftung, dem „roten Hahn" untermalt.

1560 taucht in einer Breslauer Handschrift die Redensart vom roten Hahn auf, den man jemanden aufs Dach setzen will. Ein Gauner soll einen mit Rötel gezeichneten Hahn als Einschüchterungssymbol für Brandstiftung gebraucht haben. Schon in der germanischen Mythologie ist der Hahn Sinnbild des Feuers und des Feuergottes. Der Hahn, welcher in aller Frühe seinen Ruf erschallen läßt, war seit langem bekanntes Symbol des anbrechenden Tageslichtes und der lodernden Flamme. Sein Mißbrauch als Brandstifterzeichen wäre daraus erklärt. Aber auch in England steht die Bezeichnung „red cock" für Feuer.

Bei Brandstifterprozessen der damaligen Zeit finden sich immer wieder Sätze wie: „Den roten Hahn zum Giebel ausjagen" oder „Den roten Hahn aufs Dach setzen" oder nur: „Den roten Hahn aufsetzen". Dieser Ausspruch wurde so bekannt, daß ihn auch der „Schuhmacherpoet" Hans Sachs in einem seiner Singspiele verwendete. Selbst der deutsche Dichter Gerhard Hauptmann gab 1901 einem seiner Dramen den Titel „Der Rote Hahn". Da Feuer in einer Stadt immer gleichzusetzen war mit Armut, Not, Zerstörung und Tod, war die Strafe für Feuerleger dementsprechend hart. Ein der Brandstiftung Überführter hatte keine Gnade zu erwarten.

In Anlehnung an ein altes Germanisches Recht wurde der Täter bis ins 18. Jahrhundert hinein am Ort seiner Untat mit glühenden Eisen gefoltert und auf der Richt-

Zeitgenössische Darstellung der Hinrichtung eines Brandstifters.

21

Zeitgenössische Darstellung einer Hexenverbrennung.

stätte lebendigen Leibes verbrannt. Aufgehängt wurden diejenigen, welche sich während eines Brandes durch Diebstahl und Plünderung zu bereichern suchten. Schon das antike Rom bereitete seinen Brandstiftern eine „zunftgerechte" Todesstrafe. Sie wurden in der „Tunica molesta", einem dicken Mantel aus Flachs, getränkt mit Pech und Wachs, lebendig verbrannt.

Durch den Aberglauben des Früh- und Mittelalters wurden aber auch viele Personen, vor allem Frauen mit roten Haaren, unschuldige Opfer. „Rotes Haar und spitzes Kinn, da wohnt der Teufel drinn", reimte sich das Volk zusammen. Der Hexenwahn ging soweit, daß man sogar „vorbeugend" verbrannte, nach der Devise: „Sind die Hexen verbrannt, kann einem doch keiner mehr den roten Hahn aufs Dach wünschen."

Trotz obengenannter drakonischer Strafen kam es doch immer wieder zu Brandstiftungen, und die Angst der Bürger blieb. Ein Vorfall in der Stadt Torgau aus dem Jahre 1545 demonstriert dies explizit. Am 22. März 1540 wurde der wegen eines Eigentumsdeliktes mit dem sächsischen Adel in Streit liegende Kaufmann Hans Kohlhase auf dem Rad hingerichtet. Sein Freund und Verwandter Hans von der Drossel schickte daraufhin einen Fehdebrief mit Mord- und Brandstifterdrohung an die Städte des Landes Sachsen. 1545 erhielten auch die Torgauer Stadtväter einen solchen Brief, welcher die ganze Stadt in Angst und Schrecken versetzte.

Die Bürgerglocke rief die Hausväter zur großen Versammlung auf das Rathaus. Der Rachebrief wurde verlesen und jeder zur größten Aufmerksamkeit aufgefordert. Mit Recht wurde diese Drohung sehr ernst genommen. Alle Gerätschaft für Krieg und Feuer wurden in Bereitschaft versetzt. Die Straßen wurden nachts mit Lichtpfannen erleuchtet. Eine Feuerwache aus geharnischten Bürgern kontrollierte die Straßenkreuzungen und tat Dienst am Stadttor und auf der Ringmauer. Jeder Fremde konnte ein Brandstifter sein. Glücklicherweise wurde nach einiger Zeit Hans von der Drossel gefaßt und mit dem Schwert hingerichtet. Seiner Abstammung wegen mag er dem Feuertod entgangen sein. Die Torgauer Bürger atmeten auf.

Doch alte Chroniken und Berichte belegen, daß sehr oft aus einer Drohung Realität wurde. Die Angst vor absichtlich gelegten Bränden gehörte weiterhin zu den Alltagssorgen der Städtebürger. Denn der Ruf „Fewer" oder „Feurio" war mit Abstand einer der schrecklichsten dieser Zeit.

Von der Sklavenlöschtruppe zur Fire-Academy

Am Anfang stand Rom

Als die ersten Stadtsiedlungen der antiken Zeit zu Großkommunen heranwuchsen, hatten sie bald mit Problemen zu tun, welche es in den Millionenstädten unserer Tage immer noch gibt. Die expandierenden Städte des Altertums kannten – neben Mietwucher, Korruption und Armut – auch schon die überaus große Feuergefahr. Rom, die ewige Stadt, litt schon in der Antike unter diesen Schwierigkeiten. Auch damals gab es das, was wir heute Unüberschaubarkeit nennen. Die dichte Bebauung, die Werkstätten der Feuerhandwerker in den Wohnvierteln, enge Straßen, Holzhäuser mit Schindeldeckung bis zu sieben Stockwerken bestimmten die Straßenzüge. Im dritten Jahrhundert n. Chr. gab es in Rom 47.605 Wohnblocks.

Da in der Grundfläche kein Platz mehr da war, wurde durch die Geldgier der Hausbesitzer das Bauen in die Höhe getrieben. Das nahm solche bedrohlichen Ausmaße an, daß aus Sicherheitsgründen im Sinne der Brandgefahr Kaiser Augustus die Bauhöhe auf 21 m beschränkte. Sein späterer Nachfolger Trajan senkte sie sogar auf 18 m. Zwar rühmte sich Augustus, eine Stadt aus Marmor gebaut zu haben, doch bezog sich das nur auf die Viertel der oberen Schichten. Der größte Teil Roms bestand aus dürftigen, stets brandgefährdeten Stadtteilen. Aus der Notwendigkeit erließ man Rechtsbestimmungen bezüglich fahrlässiger und böswilliger Brandstiftung. Uns scheint es heute unverständlich, daß ein Kulturvolk wie das der Römer, das alle damals üblichen technischen und taktischen Maßnahmen zur Verteidigung ihrer Stadt beherrschte, bei der Bekämpfung der Elementargewalt Feuer weitgehendst hilflos war. So durchziehen die Stadtgeschichte verheerende Feuersbrünste. Diese Tragik verstärkt sich um so mehr, wenn man bedenkt, daß um die Zeit

Der römische Kaiser Augustus.

24

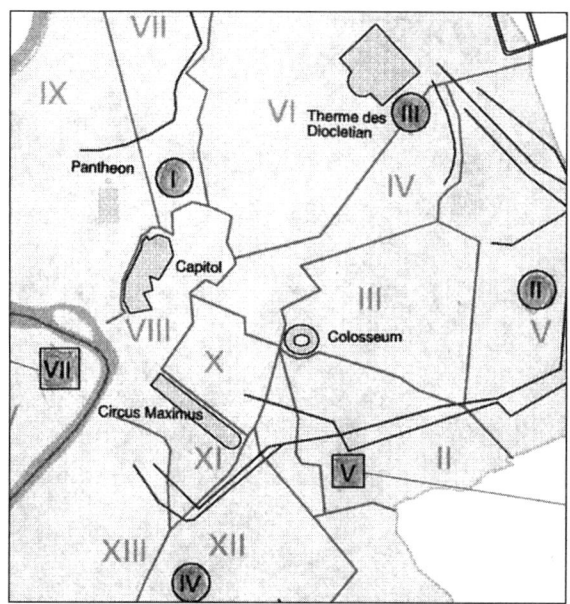

Lageplan der Feuerwehren im antiken Rom (eingerahmte römische Zahlen).

von 27 v. Chr. bis 14 n. Chr. in dieser Stadt 1,1 Millionen Menschen lebten. Der besseren Überschaubarkeit halber, teilte Kaiser Augustus die Stadt deshalb in 14 Regionen ein. Gesetzliche Regeln für Polizei und Feuerwehrwesen gab es seit 300 v. Chr. Ein sogenanntes „Dreimännerkollegium" bestimmte über eine Mannschaft aus Gemeindesklaven, welche zur Brandbekämpfung eingesetzt wurden. Diese Leute reichten aber bei weitem nicht aus, so daß sich finanzkräftige Bürger eine private Sklavenlöschgruppe leisteten. Der Polizeichef Roms, Marcus Rufus schuf eine private Feuerlöschmannschaft aus gemieteten Leuten und Sklaven, welche sich unter seiner guten Führung 24 v. Chr. das erste Mal bei Bränden bewährte. Eine weitere furchtbare Feuersbrunst war Anlaß, daß Augustus 6 n. Chr. ein militärisch organisiertes Sicherheits- und Feuerwehrkorps gründete. Unter der Führung eines Präfekten aus dem Ritteradel konstituierten sich sieben Wachkohorten aus je 1.200 Freigelassenen. Sie wurden auf die 14 Stadtregionen Roms aufgeteilt. Diese „Cohortes Vigilum" (Die Wachsamen) wohnten in Kasernen (statio) und standen in Feuerwachen (excubatoria) immer in Bereitschaft. Aquarii nannten sich die Wasserbeschaffer. Siphonarii die Spritzenleute, Centanarii, die Löschdeckenmänner und Sebaciarii die Brandstellenbeleuchter.

Die vielen Großbrände hatten gelehrt, daß mit den einfachen Handspritzen nicht viel auszurichten war. Großgeräte waren also auch schon damals gefragt. Und so stellten die Cohortes Vigilum Spezialkommandos auf: so zum Beispiel Mauerbrecher.

Ein Geschützmeister, der Optio Ballistorum hatte die Aufgabe, durch Beschuß oder durch Rammen Häuser zu beseitigen, Mauern umzulegen und so-

Offizier und Einsatzmann der Cohortes Vigilum.

mit Brandgassen zu schaffen. Auch Ärzte (Medici) taten bei den Feuerwehrkämpfern Roms ihren Dienst. Die Brandbekämpfungsgeräte waren Löscheimer, langstielige Äxte, Hämmer, Beile, Sägen, Leitern und Löschschwämme auf Stangen. Die durch die Expansionspolitik des Imperium Romanum entstandenen neuen Provinzen, stellten in ihren Städten nun ebenfalls Löscheinheiten auf. Den geschichtlichen Beweis liefert die römische Militärsiedlung im heutigen Budapest, genannt Aquincum. Die militärische und politische Bedeutung dieser Stadt als Bollwerk gegen die Barbaren war sehr groß. Heute ist im Museum für die wieder ausgegrabene Stadt auf einer Bronzetafel zu lesen, daß ein Feuerwehrhauptmann im Jahre 228 dem Vereinshaus der Feuerwehr eine Wasserorgel übereignete. Einen weiteren Beweis liefert ein Denkmalfragment aus Carnuntum im Kunsthistorischen Museum Wien. Auf diesem Fragment steht: „Julius Vales und Flavius Adauctus, Hauptleute der Feuerwehr haben dieses ... auf eigene Kosten errichtet." Aus der Römersiedlung Flavia Solva (Steiermark) ist bekannt, daß 205 n. Chr. Kaiser Septimius Severus durch ein Dekret die Angehörigen der Feuerwehr von den öffentlichen Abgaben befreite. Zum Abschluß sei bemerkt, daß vom Feuerlöschwesen der Antike noch sehr vieles im dunkeln liegt. Zum Beispiel die Löschwasserversorgung, die Alarmierung, die taktischen Maßnahmen usw. Auf jeden Fall spielte das Löschwesen eine wichtige Rolle und das nicht nur bei den alten Römern.

Wenn wir einen Sprung in einen anderen Kulturkreis der antiken Welt machen, in das alte Ägypten ca. 2.400 Jahre v. Chr., so ist festzustellen, daß man auch dort dem „Dämon" Feuer große Aufmerksamkeit schenkte. Nicht zufällig tauchen in den alten Schriftrollen Zeichen für „Brennende Stadt" und „Feuersbrunst" auf.

„Gebot gegen Fewersnoth" – Die Feuerordnung

Verordnungen werden immer dann erlassen, wenn es etwas zu verbessern gilt. Sie sind Reaktionen wider die Unzulänglichkeiten menschlichen Verhaltens und Handelns. Darauf zielten auch die Verordnungen gegen Feuergefahr, die sogenannten „Feuerordnungen". Diese „Ordnungen" stellen Bemühungen der Menschen bei Vorbeugung und Kampf gegen Brandunglücke dar.

So gab es schon im antiken Rom Erlasse der Kaiser Augustus und Trajan zur Bauhöhenbegrenzung für bessere Brandbekämpfungsmaßnahmen. Im Jahre 1068 verordnete der englische König Wilhelm I., der Eroberer, daß nach Ertönen der Abendglocke in allen Städten des Reiches Feuer und Licht bei schwerer Strafe zu löschen seien. Im ältesten deutschen Rechtsbuch, dem „Sachsenspiegel" aus dem 13. Jahrhundert, sind schon Hinweise über den Umgang mit Feuer enthalten. In der Vorzeit der Schornsteine (seit dem 12./13. Jahrhundert) war die Brandgefahr durch die offene Feuerstelle und den Rauchabzug durch Öffnungen im Dach besonders groß. So wurden z. B. im Jahre 900 die Einwohner Oxfords durch einen Befehl Alfred des Großen aufgefordert, vor der Schlafenszeit ihre Feuergruben mit eisernen Kesseln abzudecken.

Die deutschen Städte waren seit der Regierungszeit von König Heinrich I. (919–936) ständig expandiert. Die Zunahme der Bevölkerungsdichte bedingte das Wachstum der Bebauung. Die nun oft selbständige Verwaltung

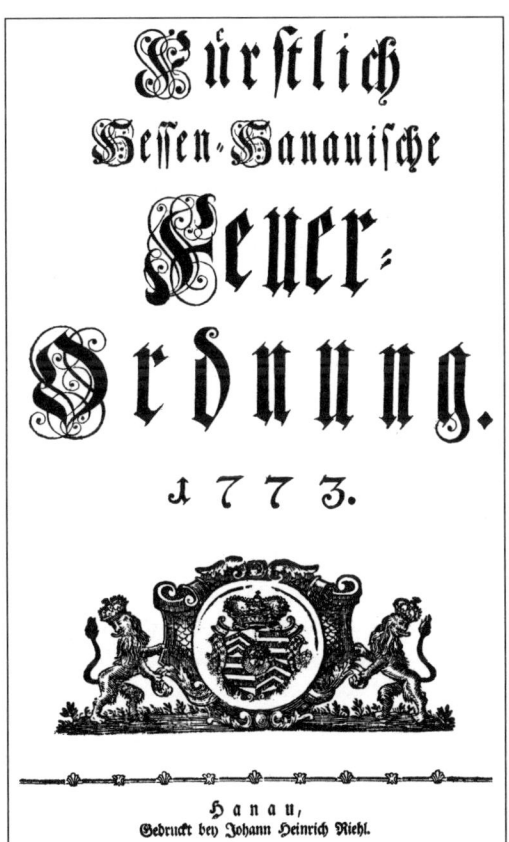

Titelblatt einer Feuerordnung.

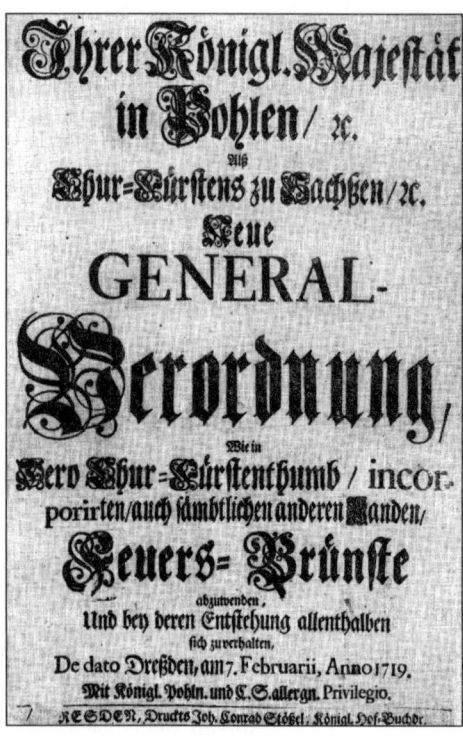

Titelblatt einer Feuerordnung.

der Stadt zog so manchen, nach der Devise „Stadtluft macht frei", in ihre Mauern. Abgesehen von feuergefährlichen Baustoffen war die Bebauungsenge ein aus dieser Entwicklung resultierender Faktor. Die Brandgefahr stieg dadurch ständig. Die Zeit vom 12.–14. Jahrhundert nennt der Historiker die Ära der großen Stadtbrände. Fast jede deutsche Stadt hat in ihrer Chronik mehrere „Feuersbrünste" dokumentiert. Und diese Feuersbrünste leisteten ganze Arbeit. Oft konnte man danach, wie es hieß, durch das Nordtor hinein- und durch das Südtor wieder hinaussehen.

Im 14. Jahrhundert besserten sich die Zustände langsam, weil man anfing, solider zu bauen. Das hatte man nicht zuletzt den „Feuerordnungen" zu verdanken. Die Vorschriften über feuersicheres Bauen, den Umgang mit Feuer und Licht, die Lagerung leicht brennbarer Stoffe, bessere Feuerungsanlagen und die Beaufsichtigung verdächtiger Personen wurden nun ständig erweitert und kundgetan.

Durch diese Feuerordnungen stellte sich aber noch lange nicht der erhoffte Erfolg ein. Die ältesten deutschen Ordnungen, Erfurt 1351, München 1370, Köln 1403, Bremen 1433 usw., fanden auch deshalb nicht die nötige Resonanz, weil der Buchdruck erst 1440 erfunden wurde und so ein wichtiges Mittel zur allgemeinen Verbreitung fehlte. Aber auch danach, weil nur wenige des Lesens und Schreibens kundig waren, entwickelte sich die Verbreitung eher schleppend. Üblich war es, die Feuerordnung durch den Stadtboten öffentlich zu verlesen. Nicht selten kam es durch die Wirren der Zeit vor, daß die Feuerordnungen wieder in Vergessenheit gerieten. Damit fing in den Kommunen das Dilemma aufs neue an. Viele modifizierte Feuerordnungen beginnen deshalb mit der Floskel: „Aufgrund der in Vergessenheit geratenen oder veralteten Ordnung wird ..."

Unter all den Feuerordnungen im Mittelalter ragt die „Fewersnothordnung" der Stadt Zwickau 1349 besonders heraus. Sie beinhaltet zum ersten Mal das Niederreißen der Häuser als Maßnahme, um dem Feuer die Ausdehnung zu nehmen. Das war zu jener Zeit ein wirkungsvolles Mittel der Brandbegrenzung.

Viel zur Verbesserung der Feuerordnungen trugen Fuhrmänner, Kaufleute und Handwerker bei. Durch Handelstätigkeit und Wanderschaft kamen besagte Personen in zahlreiche Städte und Länder und brachten manche Neuerung von Bauausführung, Mittel und Material in ihre Heimatorte mit zurück.

Wenn man die lokalen Spezifika außer Acht läßt, sind die Feuerordnungen in ihrem thematischen Aufbau fast immer gleich:

1. Maßnahmen für schnelles Bekanntwerden des Brandes,
2. Regeln für die Einhaltung der Ordnung beim Brand,
3. Das Löschen des Brandes,
4. Verhalten nach dem Brand.

Später, nach der Konstituierung von Feuerwehren, werden auch deren Aufgaben in Feuerordnungen benannt.

So entwickelten sich die Feuerordnungen im Laufe der Zeit je nach Entwicklungsstand von Technik und Erkenntnis zum Verhaltensregelwerk präventiver und aktiver Art. Vor allen Dingen standen diese Verordnungen auf gesetzlicher Grundlage (Monarch, Landesfürst, Magistrat, Gemeindevorstand, Amtmann usw.) und beinhalteten bei Verstößen empfindliche Strafen. In manchen Kommunen wurde die gedruckte Feuerordnung an alle Haushalte verteilt, welche sie bei Revision vorzeigen mußten. Obwohl die alten Feuerordnungen positiven Einfluß nahmen, hatten sie auch erhebliche Schwachstellen. In zahlreichen Städten wurde der Brandausbruch in einem Haus grundsätzlich unter Strafe gestellt, ob verschuldet oder unverschuldet. Das hatte meistens zur Folge, daß ein ausgebrochenes Feuer aus Angst vor Bestrafung nicht oder

Historische Darstellung des Frankfurter Stadtboten (1439).

29

zu spät gemeldet wurde. Vor allem aber waren die Feuerordnungen nach dem Prinzip „Beim Feuer sind alle gleich" aufgebaut, denn jeder jeglichen Standes war bedroht. Folglich wurde auch gerechtermaßen jeder bestraft.

Eine weitere Qualität in der Löschordnung war die Hinzuziehung von kompetenten Handwerkern, bei Vorbeugung (Kontrolle) und Löscharbeit. Auch wenn die alte Feuerordnung nicht von Anfang an den nötigen Erfolg zeigte, so wurde sie doch im Laufe der Zeit zum Verhaltenskodex des Menschen. Aus einstiger Ohnmacht im Kampf gegen Schadenfeuer wurde auch Dank der Feuerordnungen ein ordnungsgemäßes Vorbeugen und Vorgehen bei Bränden möglich. Und dies setzte sich bis in unsere Zeit fort. Wie sagte doch schon Goethe: „Die Höhe der Kultur eines Volkes erkennt man unter anderem auch daran, inwieweit es bestrebt und imstande ist, seine wertvollsten Kulturgüter gegen Vernichtung durch Feuer zu schützen."

Auf hoher Wacht

Wer denkt heute daran, wenn er zur Uhr des Rathausturmes, der Stadtkirche oder Domes schaut, daß vor nicht einmal so langer Zeit auf diesen Türmen eine wichtige Person über das Wohl und Wehe der Stadt wachte.

Gemeint ist die Person des Türmers, Turmwächters oder auch Hausmannes. Sein Amt stellte vor Zeiten eine zwingende Notwendigkeit dar, im Sicherheitsbemühen der Stadtgemeinde, spielte er eine bedeutende Rolle.

Der Turmwächter war eine Übernahme aus dem Verteidigungsbestreben von Burg und Stadt. Zeitige Sichtung eines Feindes durch sein Signal, war mit dem Schließen der Stadttore und dem Inkrafttreten des Verteidigungssystems verbunden. Auch außerhalb der Stadt weisen heute noch zahlreiche Warten (Beobachtungstürme) auf diese einstige Tätigkeit hin.

Im Laufe der Zeit änderte sich sein Aufgabengebiet. Seit Einführung der ersten Feuerordnungen war man bestrebt, die Zeit zwischen Entdeckung eines

Darstellung einer nächtlichen Feueralarmierung durch den Turmwächter.

Der steinerne Feuerturm in Istanbul.

Brandes bis zum „Feuerlärm" (Alarm) so kurz wie möglich zu halten. Das konnte aber nur mit der zeitigen Sichtung eines Feuers geschehen. Jeder Bürger war deshalb bei hohen Strafen verpflichtet, bei Wahrnehmung eines Brandes laut und mehrmals „Feuer" zu schreien. Keiner konnte aber Feuer oder Rauch so territorial umfassend sehen, wie der Türmer. Aus Wien ist uns bekannt, daß laut Feuerordnung erstmals 1534 dieses Türmeramt ausgeführt wurde. Vom Stefansdom aus hatte der Türmer den entdeckten Brand sofort mit Glockenschlag zu signalisieren. Zahlreiche Stadtkommunen folgten diesem Beispiel. Selbst in Istanbul wurde für diese Zwecke extra ein Turm aus Holz gebaut (1808). Später aus Stein errichtet, steht er heute noch. In den deutschen Städten des ausgehenden Mittelalters wurden die Türmer auf ihre Tätigkeit vereidigt. Das allein bezeugt die Wichtigkeit des Amtes, welches unter der Kontrolle des Magistrates stand. Übersah der Turmwächter einen Brand durch Unaufmerksamkeit, mußte er seinen Dienst aufgeben. Da der Türmer nicht selten mit seiner Familie in der Enge der Turmzimmer wohnte, traf dieses Schicksal alle. Die Signale, welche der Turmwächter bei wahrgenommenen Feuer zu geben hatte, waren in den Städten verschieden. Bei Tag wurde die Richtung des Brandes nach erfolgten Glockenschlägen mit einer roten Fahne, Nachts mit einer roten Laterne angezeigt. In manchen Städten war der Wächter vom Turm verpflichtet, Hornsignale zu blasen. Wegen des dumpfen Tones seines Hornes und des damit verbreiteten Schreckens, wurde es beim Bürger „Gruselhorn" genannt. Am verbreitetsten waren aber Glockensignale. Durch mehrmaliges Anschlagen der Glocke in zeitlichen Abständen, konnte schon der Brandort, Vorstadt, Stadtteil, Marktbereich usw. festgelegt werden. Das war besonders für die Städte wichtig, in denen wie etwa in Halle/S. die Brandbekämpfung durch Handwerker straßenweise organisiert war. Nach gegebenem Feuersignal, war die Wach-

Ehemalige Turmwächterwohnung auf den Hausmannstürmen der halleschen Marktkirche.

samkeit des Türmers nicht beendet. Während des Feuers hatte er die Dächer der Stadt zu beobachten, um zu melden, wenn sich dort Flugfeuer niederließ.
Da der Türmerdienst natürlich rund um die Uhr ging, und der Mann auch einmal schlafen mußte, hatte er einen „Knechtsgehilfen" an seiner Seite, oder ein Familienmitglied vertrat ihn. Das Aufziehen der Turmuhr und anfallende Wartungsarbeiten gehörten genauso zu seinen Pflichten, wie das Blasen des Abendsegens oder andere musikalische Verrichtungen an Sonn- und Kirchenfeiertagen. Gern wurden aus diesem Grund ehemalige Militärmusiker, Hornisten etc. eingestellt. Als ehemalige Soldaten waren sie an Disziplin und Wachsamkeit gewöhnt, auf welche es bei diesem Amt in erster Linie ankam. Wie wichtig die Stadtväter dieses Amt nahmen, zeigt die Tatsache, daß noch lange Zeit, auch im modernen Zeitalter, diese Tätigkeit ausgeführt wurde. Erst 1956 schaffte z. B. die Stadt Wien den Türmerdienst ab.
Mit der Einführung der Elektrotelegraphie wurden auch dem Türmer moderne Alarmmittel in die Hand gegeben. 1849 wurde etwa der Turmwächter von Sankt Peter in München durch eine elektrische Alarmleitung mit dem Feuerwehrhaus der Stadt verbunden.
Obwohl der Türmer oft eine schöne Aussicht genoß, hatte sein Amt mit Romantik wenig zu tun. Gerade im Winter war das Leben auf dem Turm beson-

ders hart. Lebensnotwendige Mittel wurden mit einer Handwinde emporgezogen. Auch war die Abgeschiedenheit nicht jedermanns Sache. Vom letzten Türmer auf den Hausmannstürmen in Halle/S., Otto Ziegler, ist bekannt, daß er mit seiner Frau und sieben Kindern in einer 40 m^2 „großen" Wohnung lebte. Ein besonders tragisches Schicksal traf im Jahre 1906 den Hamburger Türmer Beuerle, der beim Brand des Michaelisturmes ums Leben kam.

Im Bestreben der Städte, ein Schadenfeuer rechtzeitig zu erkennen, spielte der Mann auf dem Turm lange Zeit eine dominierende Rolle. Sein wachsames Auge ließ die Bewohner der Stadt ruhiger schlafen.

„... und soll auf Feuer und Rauch fleißig Obacht geben ...": Der Nachtwächter

„Du Nachtwächter", dieses Schimpfwort kennt jeder.

Ein Nachtwächter sein, ein lethargischer Mensch, ein Träumer, ein Langweiler, ein immer müder, einfältiger Mensch. Die sozial niedrige Stellung des Nachtwächters mag ebenfalls zu dieser abwertenden Redensart beigetragen haben. Seine Arbeit bedurfte demnach keiner besonderen Fähigkeiten, jeder konnte sie ausführen. Jeder? Dem war bei weitem nicht so. Ein einfältiger Mensch? Er wäre nie Nachtwächter geworden, schon gar nicht im Mittelalter und der nachfolgenden Zeit. Wem man die Schlüssel der Stadttore anvertraute, um selbige auf- und zuzuschließen, mußte eine Person von hohem Vertrauensstande sein. Da die Stadttore schon immer die Schwachstelle im Mauerbereich der alten Stadt darstellten, waren sie mit besonderen Verteidigungs- und Sicherheitsvorrichtungen versehen. Das sofortige Schließen der Tore bei Bränden war notwendig und hatte seinen Grund. Allzuoft hatte Raubgesindel das allgemeine Durcheinander bei Feuer ausgenutzt, war in die Stadt eingedrungen, um sich zu bereichern.

Wen man damit beauftragte, auf Feuer und Dieberei Obacht zu geben, durfte kein Träumer sein. Von seiner Aufmerksamkeit hing die Sicherheit der Stadt ab. Vor nichts hatte der Stadtbürger in besagter Zeit mehr Angst, als vor dem Ruf „Feuer". Die Ratsherren gaben deshalb dieses Amt, das den Rang eines städtischen Unterbeamten hatte, nicht in die Hände eines Unzuverlässigen. Die Entdeckung eines Feuers war nachts, vor der Einführung des Nachtwächterdienstes, reiner Zufall. Der Türmer sah von seiner hohen Warte ein Feuer nachts nur durch den hellen Schein, und dann war es schon zu spät. Den Rauch eines Entstehungsbrandes konnte er nicht oder nur sehr selten sehen. Anders die Nachtwächter, die in den Vierteln der Stadt sozusagen „vor Ort" waren und den Rauch viel eher wahrnahmen. Sofortiger Feuerlärm war ihre

Pflicht. Hinzu kam die Benachrichtigung des Turmwächters und das Wecken der Kommunalbeamten. In vielen Städten besaß der Nachtwächter auch den Schlüssel zum Spritzen- und Feuergerätehaus, welches er sofort zu öffnen hatte. In zahlreichen Feuerordnungen ist diese Tätigkeit verankert. Aber nicht nur in der Stadt, auch in der ländlichen Gemeinde war seine Aufmerksamkeit gefragt. So heißt es 1723 in dem „Edict zur Verhütung vor Feuersgefahr in Städten und Dörfern Preußen Brandenburgs": „Und in allen Dörfern sollen Nachtwächter bestellet werden."

Vor allem, und das war in jener Zeit das Wichtigste, der Nachtwächter mußte ein unbescholtener Bürger sein. Das bedeutete, er mußte den damals üblichen Bürgereid geleistet haben, ohne

Nachbildung einer Nachtwächterausrüstung (Historisches Kabinett Ammendorf).

den sein Amt nicht möglich gewesen wäre. Der Stand als freier und unbescholtener Bürger war ein Vorzug, welcher mit Rechten und Pflichten verbunden war. Durch unehrenhaftes Handeln konnte man dieses Bürgerrecht wieder verlieren, in aller Öffentlichkeit verschmäht und beschimpft.

Darüber hinaus verlangten in vielen Kommunen die Stadtoberen von ihren Angestellten einen sogenannten Tätigkeitseid in Bezug auf ihre Arbeit. So auch vom Nachtwächter. Ein solcher Eid ist in einem Stadtbuche der Kleinstadt Wiehe, aus den Jahren 1731 und 1742, erhalten geblieben und dürfte heute eine Seltenheit darstellen. Im originalen Wortlaut steht dort geschrieben:

„a) [Ich schwöre] die behörigen Stunden zur gesetzten Zeit richtig an- und abrufen, auch ohne vorfallende nöthige Hinderung keine Stunde noch weniger einige Nacht versäumen, sondern jedesmahl entweder durch einen anderen verwalten oder wenigstens dem regierenden Bürgermeister und wer an deßen Statt da seyn möchte, vermelden und um Uhrlaub geziemend ansuchen, im übrigen aber des Nachts in allen Gaßen und Häußern auf Feuer und Licht Ach-

tung geben, auch da ich von einem oder dem andern was verdächtiges ver-
mercken und verspühren sollte, solches allezeit bey dem Rathe unverzüglich
anzeigen, und hierinnen weder Standt und Person, Freund- oder Feindschaft,
Gabe, Liebe, Gunst und Geschenke nicht ansehen. [So wahr mir Gott helfe.]
b) [Ich schwöre] Nachtwache genau beobachten, an denen mir angewiesenen
Orten in der Stadt stündlich abrufen, das Ober Stadtthor zur rechten Zeit
schlüßen und öffnen, alle nach 10 Uhr des Nachts wandelnde Leute anrufen,
die mir verdächtige(n) E[urem]. E[hrwürdigen?]. Rathe anzeigen, auf Feuer,
starken Rauch, Dieberey und andere Boßheiten fleißige Obacht haben und solche meiner Obrigkeit ohnverzüglich angeben. [So wahr mir Gott helfe.]"
Stellte nun der Nachtwächter in irgend einem Hause etwas Verdächtiges fest,
sei es Rauch oder eine andere Ungewöhnlichkeit, war er ohne weiteres berechtigt, den Hausherren, egal welchen Standes, zu wecken und die Ursache
zu erfragen. Sein äußeres Erscheinungsbild war unverkennbar: Langer Mantel oder Umhang, Hut oder Mütze, Laterne, Horn oder Knarre und als Zeichen
seines Amtes, die unvermeidliche Hellebarde, später manchmal einen kurzen
Schutzmannsäbel. In nachfolgender Zeit steckte man ihn in allerhand abge-
tragene Uniformen. Dabei spielte es in manchen Kommunen keine Rolle, ob
diese vom Militär, der Bahn oder Post stammten. Hauptsache, der Wächter sah

darin dienstlich aus. In den
letzten Jahrhunderten wurden hauptsächlich ehema-
lige Soldaten für diese
Tätigkeiten berufen. Mi-
litärisches Auftreten und
Pflichterfüllung konnte
man bei ihnen vorausset
zen. In der Zeit um
1920–1930, als die sich immer mehr durchsetzende
Motorsirenen die Stellung
des Nachtwächters in Fra-
ge stellten, versahen das
Amt oft nur noch Invali-
den, welche sich damit ein
paar Mark verdienten. In
mancher Manteltasche des
Trägers mag wohl auch oft
eine Branntweinflasche gesteckt haben, welche die

Nachtwächter mit sogenannter „Knarre".

35

lange Nacht „verkürzen" half. Modernere Alarmierungsmittel und das größere Sicherheitsverhalten der Bürger, setzten der Existenz des Nachtwächters ein Ende. In manchen Gemeinden war er aber noch weit über das Jahr 1945 anzutreffen. Ein Ausdruck des Sicherheitsbedürfnisses der Kommunen. Auf jeden Fall stellte der Nachtwächter in der mittelalterlichen Stadt und der nachfolgenden Zeit eine absolute Notwendigkeit dar. Sein Stundenruf wie in etwa: „Hört ihr Leut' und laßt euch sagen: Die Uhr hat 12 geschlagen. Bewahrt das Feuer und das Licht. Damit kein Schad' geschieht", mag so manches Mal einen unvorsichtigen Bürger aus dem Schlaf geschreckt und ihn somit an eine nicht gelöschte Kerze erinnert haben.

Und oft genug, wenn Horn oder Knarre des Nachtwächters Feueralarm verkündeten, konnten sich die Bewohner des Stadtviertels vor dem „roten Hahn" gerade noch in Sicherheit bringen.

Sie kratzten die Glut aus den Balken: Die halleschen Halloren im Feuerlösch- und Rettungswesen

Voller Stolz kann die ehrwürdige Stadt Halle auf eine Innung blicken, die wohl einzig in ihrer Art in Deutschland ist: die „Salzwirker-Brüderschaft im Thale zu Halle". Denn befaßt man sich mit der wechselvollen Geschichte der Stadt, kommt man leicht zu dem Schluß, die Stadt an der Saale müßte eigentlich Salzstadt Halle heißen. Das Salz und dessen Hersteller, die Salzwirker, brachten der Stadt den ersten Aufschwung. Beherrschte doch die hallesche Talsaline neben Lüneburg im Mittelalter große Teile des mitteleuropäischen Salzmarktes. Diese hart arbeitenden Salzwirker genossen nicht nur bei der Bevölkerung großes Ansehen, auch der Adel stattete sie mit wichtigen Privilegien aus. Bei Huldigungsfeiern standen sie noch vor dem Adel in der

Alte Soleleitung aus Holz (Salinemuseum Halle/S.).

36

Hallore beim Salztragen.

ersten Reihe, für die damalige Zeit eine Einmaligkeit. Ihre perfekt organisierte Arbeit sowie ihr soziales Engagement zeichnete die Bruderschaft im „Thale zu Halle" besonders aus. Was haben aber nun diese Halloren, wie die mit der Salzgewinnung in Halle befaßten Personen seit Ende des 15. Jahrhunderts allgemein genannt wurden, aber mit der Geschichte des Feuerlöschwesens zu tun? Greift man das soziale Engagement dieser Männer auf, kommt man der Sache bald näher. Durch ihre spezifische Arbeit im Umgang mit Feuer und Wasser waren die Halloren für den Feuerlöschdienst geradezu prädestiniert. Die Bornknechte bedienten die Pumpen und waren für die damals übliche Eimerkette verantwortlich. Den Salzwirkern hingegen oblag die eigentliche Brandbekämpfung und Rettung von Personen.

Wie selbstlos engagiert sie dabei zu Werke gingen, ist durch einen zeitgenössischen Bericht wiedergegeben, in dem es heißt: „Und sie kratzen die Glut mit Nägeln aus den Balken." Da die Löschwirkung des salzhaltigen Wassers, der Sole, besonders gut war, machten sich die Salzwirker diese positive Eigenschaft zunutze. Überall im Stadtgebiet standen mit Sole gefüllte Löschfässer, um im Bedarfsfalle sofort davon Gebrauch zu machen. Ein weiterer wichtiger Aspekt war die Arbeitsstätte, die Saline selbst. Abgesehen davon, daß sich ihre zentrale Lage für ein schnelles Eingreifen der Salzwirker bei Bränden positiv auswirkte, gebot sich für die Salzarbeiter geradezu bei ihrer täglichen Arbeit ein sorgfältiger

Umgang mit dem Feuer. Ihre Siedehütten, die Koten, waren Fachwerkbauten aus Kiefernholz. Das Gefach füllte eine Mischung aus Stroh und Lehm. Das Dach war mit hölzernen Schindeln gedeckt. Da das Feuer unter den Siedepfannen noch nicht regulierbar war, mußte man schon sehr aufpassen, damit alles gefahrlos ablief. Die Salzwirker arbeiteten also immer mit der Gefahr des Feuers und waren auch aus diesem Grunde die besten Feuerbekämpfer. Ihr uneigennütziger Einsatz bei Feuerbrünsten, verbunden mit guter Organisation, veranlaßte später Friedrich den Großen, das hallesche Feuerlöschwesen als einzigartig in Preußen zu bezeichnen. Natürlich verfügte die Talsaline auch über eigene Feuerlöschgeräte und Hilfsmittel wie Löscheimer, Leitern, Feuerhaken und Sturmfässer. In der großen Toreinfahrt des Talamtes, dem Verwaltungsgebäude der Saline, stand die Feuerspritze. Noch eine weitere Besonderheit der Halloren muß in dieser Betrachtung unbedingt Erwähnung finden, um nochmals auf ihre Hilfsbereitschaft hinzuweisen. In einer Zeit, wo nur sehr wenig Leute schwimmen konnten, beherrschten die Halloren diese Kunst perfekt. Bei Überschwemmungen und Wasserunglücksfällen wurde durch sie so mancher vor dem Ertrinken gerettet. J.W. von Goethe prägte darüber den Ausdruck: „Wenn ein reicher Mann ins Wasser fällt, der Hallore zieht ihn wieder raus." Die Bürger Halles dankten es ihren Halloren in einzigartiger Weise. Der Silberbecherschatz der Halloren, eine der wertvollsten Schenkungssammlungen Deutschlands, enthält nachweislich fünf Silberbecher für Hilfeleistungen bei Feuergefahr. Bei elf weiteren Bechern wird es angenommen. Stellvertretend für viele andere sei ein gewisser Herr Erpel genannt, Besitzer des Hotels Kronprinz, welcher der Brüderschaft einen Silberbecher für uneigennützige Hilfe beim Brande seines Anwesens spendete.

Abschließend sei bemerkt, daß sich die Einzigartigkeit der Halloren bis heute erhalten hat. Einzigartig schon deshalb, weil andere Salzstädte Deutschlands keine Brüderschaft hervorgebracht haben. Gern gehen die Hallenser und ihre Gäste zum beliebten Schausieden im heutigen Salinemuseum und demonstrieren damit auch ihre Verbundenheit mit Brauchtum und Tradition der Saalestadt. Auch wenn die Halloren heute keine Brände mehr löschen, sollte ihre Pionierleistung auf diesem Gebiete nicht vergessen sein.

Auf die Nummer kommt es an: Vom Brandkataster zur Hausnummer

Undenkbar das Chaos in unserer heutigen Zeit, wenn es keine Hausnummern gäbe. Nicht aufzuzählen die vielen Nachteile, die damit verbunden wären. Es geht einfach nicht ohne diese Nummern. Aber unsere Vorfahren mußten ohne sie auskommen. Man wohnte im Mittelalter, aber auch noch später „Am Bul-

Hauszeichen.

lenwall", „An der Schwemme" oder bei der „Marien-Kirche" usw. Auch Hausschilder waren üblich, welche das Gewerbe anzeigten (Handwerker- und Zunftzeichen). Desgleichen Hausnamen, die bauliche Besonderheiten oder Farbgebungen benannten wie „Am spitzen Turm" oder der „Roten Laube" usw. Schon die Menschen des Altertums richteten sich nach solchen Hausnamen und Schildern, wie uns etwa aus dem ausgegrabenen Pompeji am Vesuv bekannt wurde. Namen von biblischen Gestalten, Himmelskörpern oder Tieren waren zur Ortsbestimmung und Benennung ebenso üblich. Zur schnellen oder sofortigen Auffindung des gesuchten Ortes blieb dies aber zu ungenau und ohne System. Die Löschmannschaften des Mittelalters und noch weit darüber hinaus gelangten oft erst nach langem Suchen und damit häufig zu spät an den Brandplatz.

Denn unsere heutiges Anschriftsystem mit Ort, Straße und Hausnummer gibt es erst seit etwa 1870. Dabei ist interessant zu wissen, daß wir unsere Hausnummern eigentlich der Feuerversicherung zu verdanken haben. Aus dem Bemühen, den Brandgeschädigten zu helfen und den lästigen Brandbettel abzuschaffen, welcher oft mit der Unterschrift des Landesherren legalisiert war, entstanden die ersten Feuerversicherungen. Schon 1446 gab es in Schleswig einen Privatverband zur gegenseitigen Hilfe bei Brandschäden. 1676 wird mit der Einrichtung der Hamburger Feuerkasse die erste eigentliche öffentlich rechtliche Versicherungsanstalt geschaffen.

1685 entstand an der Elbe mit der „General-Feur-Cassa in der Stadt Magdeburg" die zweitälteste öffentlich-rechtliche Versicherungsanstalt Deutschlands. Die „Feur-Cassa" verknüpfte bereits den Versicherungsschutz mit dem Gedanken des Brandschutzes. Sie verpflichtet sich in ihrer Satzung eben-

Hauszeichen.

falls zu aktiver Schaden-
verhütung.

Andere öffentlich-rechtliche Versicherungsanstal-
ten arbeiteten in späteren
Jahren in Magdeburg, so
die Land-Feuersozietät der
Provinz Sachsen. Über-
haupt entwickelte sich
Magdeburg im 19. Jahr-
hundert zu einer deutschen
„Versicherungsmetropo-
le". Die 1844 gegründete
Magdeburger Feuerversi-
cherungs-Gesellschaft, die
das preußische Staatswap-
pen und das Stadtwappen
im Firmenzeichen führen
durfte, wurde zur angese-
hensten und größten deut-
schen Feuerversicherung
mit weltweitem Geschäft.

Stadtbote beim Überbringen eines Briefes. Über der
Tür ist das Gewerbezeichen zu sehen (um 1820).

Dieser Einrichtung folg-
ten bis 1800 zahlreiche Staaten und Städte. Die Häuser wurden nun gegen Feuer „assekuriert", d. h. versichert, und erhielten eine amtliche eingetragene As-
sekuranznummer im Brandversicherungskataster. Alle Gebäude waren darin
erfaßt. So verdanken wir der Feuerversicherung exakt vermessene Ortskarten
mit den Grundstücksnummern. Diese Listen waren so genau und detailliert,
daß man sie später sogar in die Grundbücher übernehmen konnte. Die Asse-
kuranznummer mußte nun am Gebäude kenntlich gemacht werden. Das führte je nach Ausmaß der Stadt und der Zugehörigkeit zur Assekuranz zu drei-
bis vierstelligen Zahlen, bis man der Übersicht wegen die Häuser straßenweise
bezeichnete. Ganz normal, daß sich jetzt die Bürger nach diesen Nummern richteten. Eine Botschaft oder was auch immer, wurde nun nicht mehr in eins der
Häuser „Am Stadtgraben" gebracht, sondern in das Haus mit der Asseku-
ranznummer 18 usw.

Im vorigen Jahrhundert kam man von den durchlaufenden, meist vierstelligen
Nummern des Brandkatasters ab und die zweistelligen Hausnummern von heute entstanden. In Preußen war sogar vorgeschrieben, daß diese Nummern mit
weißen Zahlen auf blauen, normierten Emailletafeln zu stehen hatten.

Ordnung der General-Feuer-Kasse der Stadt Magdeburg von 1685

In Magdeburg entstand die zweitälteste öffentlich-rechtliche Versicherungsanstalt Deutschlands. Am 15. Februar 1685 erließ der Rat die „Ordnung der General-Feuer-Cassa in der Stadt Magdeburg". Sie verknüpfte bereits den Versicherungsschutz mit dem Gedanken der Schadenverhütung. Satzungsgemäß hatten Gebäudeeigentümer entweder einen Ledereimer zum Löschen oder Vermögende auch eine Handspritze parat zu halten. Die Satzung der 1991 gegründeten ÖSA Öffentliche Feuerversicherung Sachsen-Anhalt führt das fort. Sie verpflichtet zur Brandschutzarbeit gemeinsam mit Kommunen und Feuerwehren. - Die ÖSA Versicherungen und die Feuerwehrensind Partner für ihr Land Sachsen-Anhalt.

Meißen machte es möglich: Die erste freiwillige Feuerwehr Deutschlands

Fragt man heute nach einer Besonderheit der alten Markgrafenstadt Meißen, dann kommt mit Sicherheit die Antwort: „Das Porzellan." Das ist zweifelsohne richtig, denn das Produkt mit den berühmten blauen Schwertern, ist weltweit ein Symbol dieser Stadt. Eine andere Antwort lautet vielleicht: „Albrechtsburg und Dom." Damit ist das Wissen um diese Stadt zumeist erschöpft. Dabei geschah hier etwas, was für das Feuerlöschwesen von Bedeutung sein sollte: Die Gründung der ersten auf freiwilliger Basis bestehenden Feuerwehr Deutschlands im Jahre 1841. Um dieses Datum gab es nicht nur in jüngster Zeit so manchen Streit.

Viele sahen die erste freiwillige Wehr Deutschlands im badischen Durlach 1846. In den Vorbereitungen des Meißner Jubiläums 1991 war der Streit aufs neue entbrannt. Jetzt sprachen die Historiker und der damalige Präsident des Deutschen Feuerwehrverbandes, Hinrich Struwe, ein richtungsweisendes Wort. Struwe gratulierte der Wehr 1991 in ihrer Festschrift mit den Worten: „Die Freiwillige Feuerwehr Meißen darf sich mit Recht als die erste und somit älteste freiwillige Feuerwehr in Deutschland, ja im deutschsprachigen Raum bezeichnen."

Doch zurück in die Historie. Wie die meisten deutschen Städte, so war auch Meißen oft Opfer von Großbränden. Alle Bemühung dagegen fruchteten nichts. 1794 zum Beispiel waren fast alle Männer zum Feuerlöschdienst zwangsverpflichtet. Auf königliche Order vom 29. November 1830 wurde der nächtliche Feuerschutz der Kommunalgarde befohlen. Alle diese unfreiwilligen Dienste konnten aber nicht befriedigen. Die Unzulänglichkeit verordneter Einrichtungen zeigte sich bei dem Stadtbrand vom 16. Dezember 1835 wieder einmal besonders deutlich. 1839 schlug deshalb der Stadtrat Gödsche eine bezahlte Feuerlöschmannschaft von 80 Mann vor. Der Magistrat zeigte sich interesselos. Anders Bürgermeister Hugo Tzschuke am 5. August 1840. Er hatte erkannt, daß mit Befehlen wenig auszurichten war und versuchte es mit dem Prinzip der Freiwilligkeit. Freiwillig sollten die Meißener Bürger in Zukunft den Kampf gegen das Feuer führen. Das Konzept wurde ein voller Erfolg. Tzschuke ließ am 19. Oktober 1840 bekanntmachen, daß Freiwillige für ein Feuerlösch- und Rettungskorps gesucht würden. Schon 8 Tage später übergaben angesehene Bürger, Handwerker und Kaufleute dem Bürgermeister ein von ihnen unterzeichnetes Schreiben, mit dem Wortlaut, daß 132 Meldungen eingegangen wären. Die feierliche Gründung der Wehr fand am 17. Juli 1841 im Rathaus statt. Hauptmann wurde Seifensiedermeister Kentsch, sein Stellvertreter Bäckermeister Arnold. Ferner gliederte sich das Korps in einen Adjutanten, einen Zugführer, zwei Spritzenmeister, sechs Schlauchmeister (Rohr-führer), sechs Rottenmeister und 118 Wehrmänner. Die Bekleidung bestand aus einem langen Kittel aus grober Leinwand. Die Rettungsmannschaft trug Lederhelme, die Spritzenleute breitkrempige Hüte. Messingnummern am Helm bezeichneten die Zugehörigkeit zur Rotte.

Der Hauptmann, sein Stellvertreter und der Adjutant waren durch einen Roßhaarbusch auf dem Helm erkennbar. Die Obmänner der einzelnen Abteilungen wiesen sich durch Kragen in den Farben rot, schwarz und grau aus. Das einzigartige der Meißener Konstituierung bestand darin, daß es nirgends ein Beispiel gab, das einen Vergleich zuließ. Die Wehrleute waren völlig auf sich allein gestellt. Viel größere Städte, wie Hamburg und Chemnitz, kamen bei solchen Überlegungen, wie es heißt, „über Erörterungen nicht hinaus" Daß bei vielen Dingen in Meißen von Anfang an der richtige Weg beschritten wurde, zeigte sich in der Formationsgliederung, welche bei den späteren Löschkorps lange beibehalten wurde. Auch der Vorteil der uniformen Kleidung in Verbindung mit dem Schutz gegen Feuer wurde richtig erkannt. Das Wollen von Hilfeleistung unter Zurückstellung persönlicher Belange prägte das Korps gerade in den Anfangsjahren. So erwarb sich diese erste freiwillige Feuerwehr Deutschlands nicht nur bei der Bevölkerung Anerkennung, auch die Feuerversicherungsgesellschaften

Verpflichtungsunterschriften der Mitglieder des Meißner Lösch- und Rettungskorps.

sahen diese Einrichtung mit Wohlwollen. Unter anderem zeigte sich die „Königliche Brandversicherungs-Commission" mit 30 Talern Zuwendung besonders spendabel. Sie hob hervor, daß „bei mehreren Gelegenheiten und zuletzt bei dem großen Brande am 5. Sept. 1842 wahrzunehmen gewesen sei, welch glückliche Erfolge die lobenswerten Bestrebungen des Korps bei Brandunglücksfällen gehabt haben."

Um noch einmal auf den Streit um das Gründungsdatum der ersten freiwilligen Feuerwehr Deutschlands, Meißen 1841 oder Durlach 1846, zurückzukommen, sei folgendes bemerkt: Einzig und allein der Brand des Karlsruher Hoftheaters 1846, wobei das Durlacher Korps ausgezeichnete Arbeit leistete und ein Übergreifen des Feuers auf andere Gebäude nicht zuließ, machte dieses Korps in Deutschland bekannter, als das schon seit 1841 bestehende Meißener. Insbesondere die Pressenachrichten über die Leistung der Durlacher sorgten für dieses Faktum. Den Meißner Wehrmännern blieb eine solche Popularität versagt.

Auf jeden Fall nahmen die Gründungen von freiwilligen Lösch- und Rettungsformationen in diesem Zeitraum ihren Anfang und setzten in der einen Region Deutschlands früher, in der anderen später bleibende Akzente.

Ludwig Scabell, der Leiter der ersten Berufsfeuerwehr Deutschlands

Es ist wie bei so manchen Dingen, erst die passende Person mit der nötigen Motivation und der Überzeugung das Richtige zu tun, kann einen bis dahin haltlosen Zustand ändern. Haltlos war der Zustand des Berliner Feuerlöschwesens in der Zeit um 1850 auf jeden Fall. Zeitgenössische Beschreibungen von Löscheinsätzen in Berlin sagen aus, daß ein solcher stets zu den „komischen Ereignissen" zählte. Schlechte Alarmierung, Uneinigkeit an der Brandstelle, Lustlosigkeit der Löschmannschaft und böswilliges Verhalten am Einsatzort sind nur einige der Zustände, die dem damaligen Berliner Löschwesen nicht gerade zur Ehre gereichten. Das Faß zum Überlaufen brachte 1850 der Brand des Palais des Prinzen Albrecht in der Wilhelmstraße. Augenzeugen berichteten: „Die Löschmänner stritten sich und warfen wertvolle Möbel ganz unnötig aus den Fenstern, während sie mit dem Feuer schwer zurecht kamen." Durch diesen Vorfall wurde man nun endlich auch auf höherer Ebene aufmerksam.

Am 16. Januar 1851 legte Polizeipräsident von Hinkeldey dem Innenministerium einen Reorganisationsplan vor, nach dem am 1. Februar des Jahres Ludwig Scabell zum Königlichen Branddirektor berufen wurde. Scabell war kein Unbekannter, hatte er sich doch als Fachmann schon seit langem für ein besseres Feuerlöschwesen eingesetzt. Als nun verantwortlicher Leiter machte er sich mit Eifer und Übersicht an die Arbeit. Nach seiner Überzeugung konnte ein Brand nur dann am wirkungsvollsten bekämpft werden, wenn er im Entstehen war. Das setzte ein schnelles Eintreffen der Löschkräfte am Einsatzort voraus, welche auch in taktischer Hinsicht bestens geschult waren.

Scabell richtete deshalb im Stadtgebiet 18 Feuerwachen ein, welche später nach dem sogenannten Rendezvoussystem ausrückten. Auf jeder Wache wurden eine große fahrbare Spritze, Hakenleitern sowie fahrbare Wasserfässer stationiert. Ein Oberfeuerwehrmann und 4 Feuerwehrmänner versahen den Dienst. Weiter wurden im Stadtterritorium 5 Brandinspektionen mit je einer Depotwache errichtet. In diesen Depotwachen standen je eine Maschinenleiter, ein Wasserwagen, Rüst- und Mannschaftswagen und 5 Rädertienen.

Auch bei der Auswahl der Löschmannschaft ging Scabell richtungsweisende Wege. Die Feuermänner, so wurden sie damals genannt, mußten Bauhandwerker sein, ein Drittel Maurer, ein Drittel Zimmerleute, der Rest aus den anderen Bauberufen. Scabell hatte richtig erkannt, daß diese Leute, da sie von Berufs wegen die Bauart kannten und geschickt waren, die Rettungs- und Löscharbeiten am besten durchführen könnten. Weiterhin legte er Wert auf guten Ruf, ausgezeichnete Gesundheit und abgeleisteten Militärdienst. Letzterer sollte für die Disziplin an der Brandstelle von Bedeutung sein.

Eine einheitliche Uniform kam zur Einführung sowie die berühmte Berliner Kappe, ein Lederschutzhelm mit Metalleinlage und Nackenleder. Der erste für Feuerwehrzwecke konzipierte Helm, der kein, wie damals üblich, gebrauchter Militärhelm war. Jeder Feuerwehrmann hatte außerdem im Einsatz die Feuerwehraxt zu tragen, später das Beil mit Brechspitze am Schaft. Scabell forderte die überaus wichtige Erkundung der Lage und den Innenangriff. Diese neue Angriffsart wurde in der Ausbildung und im Einsatz mit Erfolg durchgesetzt. Weiter ging Scabell von dem Grundsatz aus: Große Wirkung mit wenig Wasser. Grundlagen, die auch heute noch eine gute Feuerwehrarbeit auszeichnen.

Ludwig Scabell.

45

Einsatz der Berliner Feuerwehr (1860).

Die Firma Siemens und Halske führte um die damalige Zeit eine umwälzende Neuerung ein, die Elektrotelegraphie. Ludwig Scabell erkannte sofort die Vorteile dieser Einrichtung für die Feuerwehr und bald gab es aufgrund seiner Bemühungen die erste telegraphische Feuermeldeanlage der Welt in Berlin. Sein Grundsatz vom schnellen Eintreffen an der Brandstelle, wurde dadurch wesentlich unterstützt.

In der Praxis schlug sich Scabells Arbeit sofort auf den Rückgang und das Ausmaß von Schadenfeuern nieder. Schnelligkeit und Können bestimmten nun die Arbeit der Berliner Feuerwehr. Daraus resultierend entstand beim Bürger der Spruch: „Gebrochen ist des Feuers Macht, seitdem Scabell darüber wacht." Das „Berliner System" wurde bald in der ganzen Welt bekannt, und genoß höchste Anerkennung. Viele, ob aus In- oder Ausland kamen nach Berlin, um dieses System zu studieren. Die Berliner Feuerwehr war zur Lehranstalt geworden. Etliche Offiziere der Scabellschen Ära und seiner guten Nachfolger taten Dienst in den verschiedensten Berufsfeuerwehren Deutschlands und verbreiteten dabei die Berliner Erkenntnisse.

Ludwig Scabell trat nach dem Erreichen des 65. Lebensjahres, nach 24 Jahren Leitungsdienst, in den Ruhestand. Er starb am 9. Juni 1885. Seine Grabstätte ging während der Zerstörungen im Zweiten Weltkrieg verloren. Nicht verloren ging sein dem Feuerlöschwesen in Idee und Tat nutzbringendes Wirken. Als Chef der ersten Berufsfeuerwehr Deutschlands setzte er bleibende Maßstäbe.

Die Turnerfeuerwehren: Pioniere des Feuerwehrwesens

Eine wesentliche Grundlage für die Entwicklung der Feuerwehren in Deutschland bildete das Turnerwesen. In der Mitte des 19. Jahrhunderts, in einer Zeit als alles nach Reformen strebte, der Hamburger Stadtbrand 1842 mit seinen verheerenden Folgen zu einer Art Zäsur des Brandschutzes in Deutschland führte, brauchte man Männer, die sich mit Interesse den neuen Anforderungen stellten. Die behördlich verordneten Pflichtfeuerwehren genügten den Ansprüchen nicht. Getreu den Jahnschen Regeln („frisch, fromm, froh, frei") waren die Turnervereine Keimzellen des sozialen Gedankens. Was lag also näher, als diese Ideen in der Feuerwehr umzusetzen, wo der Wehrmann seine ganze Kraft für des Nächsten Leben und Gut einsetzte. Der gemeinschaftliche Gedanke, die schon bestehende Organisation erleichterte die Gründung der Turnerfeuerwehren. Man konnte sich sofort nach der Konstituierung mit den Belangen der Feuerwehr beschäftigen. Daß man sich untereinander kannte, war zudem für das gemeinschaftliche Zusammenwirken der Männer von großem Vorteil. Ein nicht zu verachtender Aspekt war die turnerische Geschicklichkeit selbst, die ja bei der

Das TF auf der Uniform verwies auf die Herkunft der Wehr.

47

Feuerwehr sehr gefragt ist, insbesondere bei den Steigerabteilungen. Die neu gegründeten Turnerfeuerwehren wurden aufgrund des hohen persönlichen Engagements und Könnens ihrer Mitglieder bald überall geehrt und geachtet.

Im Jahre 1870 waren die Turnerfeuerwehren bereits auf 30.000 Mitglieder angewachsen und fast jede größere Stadt verfügte über eine derartige Wehr. Da im Volk damals eine allgemeine Abneigung gegen den Uniformrock herrschte, traten die Turnerfeuerwehren im Dienst und beim Einsatz neben der üblichen Ausrüstung, wie Helm, Beil, Rettungsleine und Gurt, in ihrer Turnerjacke oder -bluse auf. Sehr oft gekennzeichnet mit den Buchstaben „TF" für Turnerfeuerwehren. Die Leitung dieser Wehren lag häufig in den Händen anerkannter Persönlichkeiten wie Wissenschaftlern und Politikern. So war Professor Kellerbauer, im Volksmund „Feuerwehrprofessor" genannt, Leiter der 1873 bestehenden Chemnitzer Turnerfeuerwehr. Der Chef der halleschen Turnerfeuerwehr, Dr. Otto Ule, kam in Ausübung seiner Funktion am 6. August 1876 bei einem Brand in der Großen Ulrichstraße ums Leben. Eine Straße in Halle erinnert heute noch an die Leistungen dieses Mannes. In Köthen, um in Sachsen-Anhalt zu bleiben, beschloß im Jahre 1865 ein Teil des 1861 gegründeten Männerturnvereins die Bildung eines Löschkorps. Dieses entwickelte sich in kurzer Zeit zur führenden Wehr Anhalts, und andere Feuerwehren aus der Nachbarschaft kamen nach Köthen, um hier zu lernen. Nach einem Brand stand zum Beispiel am 8. Februar 1868 in der „Cöthenschen Zeitung": „Es gebührt der freiwil-

Eine Turnerbluse, wie sie auch im Einsatz getragen wurde.

48

ligen Turnerfeuerwehr über ihr gestriges Auftreten alle Anerkennung; auf ihre treffliche Führung und nicht ermüdende Tätigkeit kann die Stadt nur mit Befriedigung blicken."

Nebenbei sei angeführt, daß am 13. Oktober 1867 in Köthen der 1. Feuerwehrtag des Saale-Elbe-Turngaus stattfand, und der Gründer der Turnerfeuerwehr der Kaufmann Wittig zum 1. Vorsitzenden des Anhaltinischen Feuerwehrverbandes gewählt wurde. Solche Beispiele könnte man aus dem gesamten deutschen Raum fortsetzen. Und wenn im Jahre 1929 der Branddirektor Frank, Leipzig, in seiner Publikation „Das deutsche Feuerwehrbuch" schreibt: „Der Boden, auf dem sich Deutschlands Feuerwehrwesen entwickelte, war die deutsche Turnerei", so ist dem wohl zuzustimmen. Die alte Devise, in einem gesunden Körper wohnt ein gesunder Geist, wirkte sich befruchtend in beiderlei Beziehung auf die Feuerwehr aus.

Von der Rettungsgesellschaft zur Feuerwehr: Der Weg zu einer Institution

Die Entwicklung des Feuerlöschwesens in Deutschland basiert im wesentlichen auf den Steinschen Reformen. Gesellschaftlicher Gemeinsinn, die Abkehr vom Absolutismus, ein freiheitlich demokratischer Gedanke veränderten die Denkweise der Bürger. Die auf den obengenannten Reformen beruhende kommunale Selbstverwaltung in Preußen ab 1808 machte es möglich, daß sich in der 1. Hälfte des 19. Jahrhunderts Organisationen gegen Feuersgefahr bildeten. Wenn hier bewußt der Name „Feuerwehr" nicht gebraucht wird, so hat dies seinen Grund, auf den noch eingegangen wird. Das genossenschaftliche Löschwesen, hauptsächlich fußend auf den Handwerkszünften des ausgehenden Mittelalters, spielte auch nach dem Niedergang der Zünfte eine Rolle für die Zukunft. So zum Beispiel in den Rettungsgesellschaften des 18. und 19. Jahrhunderts. Diese sahen im Anfang ihr Betätigungsfeld weniger in der Brandbekämpfung, sondern vielmehr im Retten von Besitz und persönlichem Gut. Humanistischen Bestrebungen zu Folge gehörte dann auch das Feuerlöschen und Retten von Leben zu ihren Aufgaben. Eben solche Aufgaben übernahmen im zunehmenden Maße die Bürgerwehren, welche ihr Vorbild in der preußischen Landwehr der Befreiungskriege 1813 sahen und nun allmählich vor der Auflösung standen. Im Nachgang zu den Unruhen in Frankreich (Juli-Revolution 1830) stellte man zur Stabilisierung der inneren Ruhe in manchen Städten Deutschlands diese kommunalen Selbstverteidigungsorgane wieder auf, oft mit integrierten Löschkräften. Einen weiteren Festpunkt im deutschen Löschwesen setzten die Turnvereine, welche sich in den 30er Jahren des 19. Jahrhunderts durch die Jahnschen

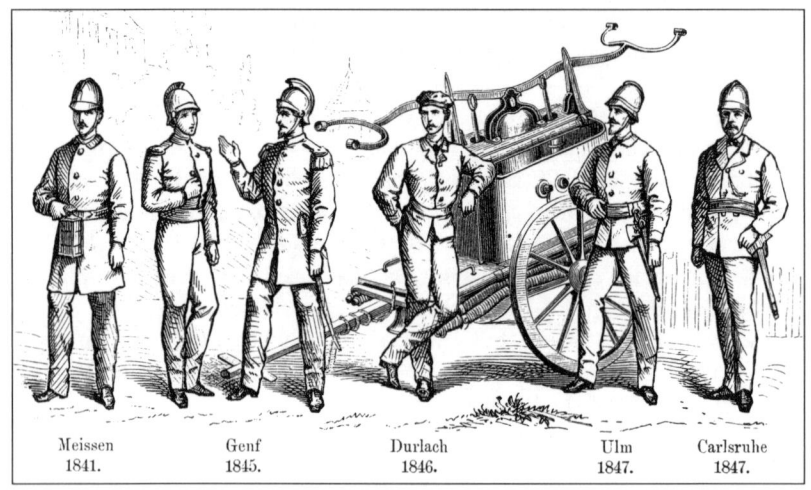

| Meissen 1841. | Genf 1845. | Durlach 1846. | Ulm 1847. | Carlsruhe 1847. |

Uniformen der ersten freiwilligen Feuerwehren (erste Hälfte 19. Jh.).

Ideen entwickelten. Die Fachleute sind sich darüber einig, daß es die Turner waren, die ableitend von ihrem eigenen sportlichen Engagement erkannten, daß erst ein ständiges Üben die Perfektion im Umgang mit Feuerspritze und Geräten (Leitern) herbeiführte. Nicht zuletzt gab das überaus vorbildliche französische Feuerlöschwesen der damaligen Zeit wichtige Impulse für die deutsche Entwicklung. Der französische Name „Sapeur Pompiers" für Feuerwehr wurde aus diesem Grund im deutschen Löschwesen, hauptsächlich im deutschen Südwesten bis 1900 gebraucht. Denn nicht von Anfang an wurde in Deutschland von einer Feuerwehr gesprochen. So gab es früher für die Brandbekämpfer die mannigfaltigsten Bezeichnungen. Man orientierte sich bei der Namengebung oft an den alten Zünften oder am Militär, wie es die Namen Gilde oder Korps beweisen. Wien hielt sich 1685 Feuerknechte, Barmen ab 1748 eine Löschgilde.

In vielen Regionen Deutschlands waren Löschkorps oder Brandgilden üblich. In Ulm gab es 1806 eine Feuerrettungsanstalt. In Meißen entstand 1841 ein freiwilliges Lösch- und Rettungscorps, in Durlach 1846 ein Pompier Corps. Diese Bezeichnungen sind nur einige von vielen. Nach heutigem Wissen tauchte der Name „Feuerwehr" erstmalig im Jahre 1847 in der Karlsruher Zeitung auf. Und zwar in der Ausgabe Nummer 318 vom 19. November. Wer ihn prägte, ist nicht bekannt. Ein Jahr später erscheint der Name „Feuerwehr" im Großherzoglichen Badischen Regierungsblatt in dem „Gesetz über die Errichtung einer Bürgerwehr" im Artikel 49. Der Wortlaut: „Bei Feuersgefahr sind ausnahmsweise diejenigen Bürgerwehrmänner, welche zugleich der Feuerwehr angehören, sowie die Angestellten, welche nach ihren Dienstvorschriften sich in einem bestimmten Dienstlocale einfinden müssen, vom Erscheinen bei der Bürgerwehr befreit." Wichtig ist, daß in diesem Gesetz der Name „Feuerwehr" erstmals amtlich gebraucht wird. Es ist schwer nachzuvollziehen, wie lange es dauerte, bis sich in allen Regionen Deutschlands der Name „Feuerwehr" durchsetzte und somit zu einem Begriff wurde. Die ersten Akzente setzten unter anderem 1847 die Durlacher Sapeur Pompiers beim Karlsruher Theaterbrand durch geschlossenes und fachmännisches Handeln. Berufsmäßiges Format gelang wohl zum ersten Mal dem Leiter der 1. Berufsfeuerwehr Deutschlands Berlin 1851, Ludwig Scabell. Seine bahnbrechenden Ausbildungsneuerungen fielen in vielen Feuerwehren auf fruchtbaren Boden. In der nachfolgenden Entwicklungszeit dürfen Persönlichkeiten wie Magirus, Fiedler, Jung, Kellerbauer, Weigand und Weiser nicht vergessen werden. Sie sollten für alle hier nicht genannten Personen stehen, welche durch ihr Wirken aus dem bloßen Namen „Feuerwehr" die Institution „Feuerwehr" schufen.

Der Steiger: Angriffs- und Rettungsmann der Vergangenheit

Der Begriff „Steiger" ist im Zusammenhang mit dem Feuerwehrwesen heute weitgehend unbekannt. Kein Wunder, denn die Bezeichnung Steiger für eine der wichtigsten, gefährlichsten und deshalb auch geehrtesten Funktionen in der Feuerwehr ist nicht mehr gebräuchlich.

Die Freiwillige Feuerwehr Saubach 1933. Deutlich erkennbar die Steigerabteilung mit genestelter Fangleine, Gurt mit Leipziger Birnenhaken, Laterne und Spitzbeil.

Steiger mit Berliner Feuerkappe der Freiwilligen Feuerwehr Ammendorf 1920.

Steigerübung am Steighaus der Berufsfeuerwehr Amsterdam 1877.

Nicht nur deshalb soll im folgenden über die besondere Rolle des Steigers im früheren Feuerwehrdienst berichtet werden. Daß der Steiger der Feuerwehr nichts mit dem gleichnamigen Ingenieur und Aufsichtsbeamten im Bergbau zu tun hat, versteht sich von selbst. Die Menschenrettung war des Steigers höchste Pflicht.

Es war erkannt worden, daß es mit der Brandbekämpfung nicht allein getan war. Die Rettung von Menschen mußte oberstes Gebot werden. Hierzu bedurfte es Personen mit besonderen Fähigkeiten, wie handwerklichem Können, Mut, Entschlußkraft und körperlicher Fitneß. So kam zu den feuerwehrtypischen Tätigkeiten der Wasserbeschaffung, Spritzenbedienung und Rohrführerarbeit die wichtige der Menschenrettung hinzu, durch ausgewählte, sich freiwillig zur Verfügung stellende Männer, die sogenannten Steiger.

Zwar gab es schon seit den Anfängen im Feuerlöschwesens das Bemühen um die Personenrettung, die Steiger waren aber eine der ersten organisierten und spezialisierten Abteilungen auf diesem Gebiet. Der Steiger war bei seiner Tätigkeit, da es noch keine motorisierte Drehleiter gab, auf die Haken-, Schieb-, Dach-, Anstelleiter und nicht zuletzt auf seine Geschicklichkeit und seinen Wagemut angewiesen. Daß bei diesen Ansprüchen an die Steiger die Bauberufe eine dominierende Rolle spielten, liegt auf der Hand. Das Vertrautsein mit berufstypischen Geräten, wie Seilen, Leitern und Werkzeugen, das gewohnte Bewegen in großen Höhen, gab dabei den

Originale Bekleidung und Ausrüstung eines Steigers um 1929 (Historisches Kabinett Ammendorf).

Ausschlag. Die enge Verbundenheit zwischen Handwerk und Feuerwehr zeigte sich gerade bei den Steigern.

Sie rekrutierten sich deshalb hauptsächlich aus den Berufen der Zimmerleute, Maurer, Schornsteinfeger und Dachdecker. Ebenso oft in den neu gegründeten Steigerabteilungen waren natürlich die Turner vertreten, welche, abgesehen von ihrem sozialen Gedanken, durch ihre körperliche Gewandtheit ihrer Stellung gerecht wurden. Wegen der besseren Bewegungsfreiheit bei Rettungsarbeiten hielten die Turner auch bei fortschreitender Uniformierung noch lange an ihren Turnerblusen fest.

Der Erfolg der Steiger bei Rettungsaktionen war neben ihrem individuellen Können und ihrer Risikobereitschaft nicht zuletzt von den Steiggeräten abhängig. Die Hakenleiter als höhenunabhängiges Steiggerät spielte dabei eine wichtige Rolle. Deshalb wurde in vielen Feuerwehren die Ausbildung an der Hakenleiter geradezu zum Dogma erhoben. Auf alten Fotos sind die Steiger nur allzu oft auf dieser, an einem Gebäude hängend, abgebildet. Häufig ist auf diesen Bildern noch die einholmige Hakenleiter zu erkennen, für welche der Steiger extra große Birnenhaken an seinem Gurt trug. Der Weg über die Hakenleiter zur Rettung von Personen war auch manches Mal der einzig mögliche, da die Treppen nach alter Bauweise größtenteils aus Holz bestanden und durch Brandgase und Feuereinwirkung nicht mehr begehbar waren.

Ein weiteres wichtiges Hilfsmittel bei Rettungsaktionen war das Steigerseil (auch Steigerleine). Natürlich wurde es wie auch heute noch zur Selbstrettung benötigt. Dem Gurt, egal ob mit Berliner Schiebehaken oder Leipziger Birnenhaken kam gleiches zu.

Zur Ertüchtigung und Übung der Steiger stand an den Spritzenhäusern oft der sogenannte Steigerturm, der gleichzeitig zur Schlauchtrocknung gebraucht wurde.

Ob nun mit dem Strahlrohr bei der Brandbekämpfung oder bei Rettungsarbeiten über die Leiter, der Steiger genoß aufgrund seiner extremen Einsatztätigkeit und Erfahrung das höchste Ansehen bei der Feuerwehr und den Bürgern. Nicht umsonst wurde das Steigerabzeichen, die gekreuzten Beile hinter dem Helm, ab 1900 in Preußen amtliches Feuerwehrabzeichen und es wird auch heute noch getragen. Worte wie Steigergurt, Steigerbeil, Steigerleine, Steigerlaterne, Steigerführer, Steigerturm usw. gingen in den Sprachgebrauch der Feuerwehr ein. Sie sind heute noch bekannt und setzen somit den Angriffs- und Rettungsmann aus vergangener Zeit ein bleibendes und nicht zuletzt ehrendes Denkmal.

Mit Besen und Feuerspritze :Der Schornsteinfeger im Feuerlöschwesen

Angefangen von der Antike über die Zünfte bis hin in unsere Zeit, ist das Handwerk im Feuerlöschdienst immer eine feste Größe gewesen. Das Bauhandwerk war es im besonderen. Ohne die Leistungen der anderen Berufe in diesem Metier schmälern zu wollen, so gilt es doch einen Beruf herauszustellen, welcher eine besondere Beziehung zum Feuerlöschwesen hatte und noch hat. Gemeint ist der Beruf des Schornsteinfegers, Schlotfegers, Kaminkehrers, oder wie er auch sonst noch genannt wird. Es ist ein Beruf, der eigentlich keine Werte schafft, sondern sie durch seine vorbeugende Tätigkeit erhält. So war der Schornsteinfeger der erste wirkliche Brandverhüter. Die ungehinderte Ablagerung von Ruß in Form von reinem Kohlenstoff in den Rauchrohren der Essen, war nur allzu häufig die Ursache von Kaminbränden, was die Einäscherung von ganzen Stadtteilen, ja Städten zur Folge hatte. Die schlechte Bauausführung und nicht vorgeschriebene Sicherheitsabstände kamen noch hinzu. Von den im frühen Mittelalter aus Holz bestehenden Schornsteinen soll erst gar nicht die Rede sein. Wenn wir die Antike ausklammern, so werden Schornsteine erstmalig im Jahre 1347 in einer venezianischen Handschrift, mit der Bezeichnung „Camini" genannt.
Es darf deshalb nicht verwundern, daß die ersten Kaminkehrer als Wandergesellen aus der Lombardei und Graubünden nach Deutschland kamen. Daß sie ihre Arbeit von Anfang an als Vorbeugung gegen die Brandgefahr verstanden haben, zeigte ein kleiner Reim von 1785, welcher die schwere Arbeit eines lombardisch-venezianischen Kaminfegers schildert:

> „Ich fege die Kamine und räume den Ruß
> Und so bei Tag und Nacht ich sorgen muß,
> Zu bewahren die Stadt vor Feuer und Rauch,
> Kärglichen Lohn bringt mit der Brauch!"

14.	15.	16.
Unterweisung an den Fahrzeugen	Uebung: Hak. nleitern, Schiebeleitern, Handdruck prige, Abproßspriße	Uebung: Handdruckspriße, Motorspriße an ffenen Gewäffern
Vortrag: Wasserversorgung auf dem Lande und in der Stadt		Vortr g: B lißgefahr und Blißchuß-Maß- nahmen
Uebung: Hakenleitern	Vortrag: Schläuche	Vortrag: Feuer- löscheinrichtungen im Theater, Ver sammlungsräumen und Lichtspielen
Vortrag: Organisation des Feuerlöschwesens auf dem Lande und in Städten	Uebung: Haken eitern, Schiebeleitern, Handdruckspriße, Abproßspriße	Vortrag: Die G. fahren im Verkehr mit feuer- gefährlichen Flüffigkeiten
	Vortrag: Or anisations- fragen u. polizei- liche Verordnungen	

17.	18	19.
Uebung: Hakenleitern, Schiebeleitern, Mechanische Leitern	Uebung: H tenleitern, Schiebeleite n, Handdruckspriße, Abproßspriße	Beſichtigung des Stadttheaters
Vortrag: Blißgefahr und Blißchuß- Maßnahmen	Uebung: Hakenleitern, Schiebeleitern, Handdruckspriße, Abproßspriße	Vortrag: Brandurfachen
Uebung: Hakenleitern, Schiebeleitern, Handdruckspriße, Abproßspriße	Uebung: Praktische Prüfung von Blißableitern	Uebung: Rettungsgeräte
Uebung: Prüfung und Inſtandhaltung der Geräte	Vortrag und Vorführung: Handfeuer. öſcher	

21.	22.	23.
Hakenleitern, Schiebeleitern, Handdruckspriße, Abproßspriße		
Vortrag: Feuermeldewesen	Vortrag: Verhalten der Bauſtoffe im Feuer	Uebung mit Leinen
Uebung mit Schlauchwellen, Mech. Leitern, Haken eitern, Schiebeleitern		Vortrag: Atmungsgeräte
Prüfung und Inſtandhaltung der Geräte	Vortrag: Die Gefahren der elektr. Licht- und Kraftanlagen	Uebung mit Atmungsgeräten im Rauchkeller der Hauptfeuerwache

Stunden	24.	25.	26.
7 — 9	Angriffsübungen an den Gebäuden der Hauptfeuerwache		
9¼ - 11	Vortrag Feuerpoliz. Ver- ordnung u. Sicher- heitsvorſchriften	Uebung: Feuer- und Exploſionsgefahr verſchied. Stoffe	Angriffsübungen Hauptfeuerwache
2 — 4	Angriffsübungen Hauptfeuerwache	Vortrag über Tätigkeit und Verhalten auf Brandſtelle	Beſichtigung
4½—6	Vortrag: Die Motorspriße in der Stadt u. auf dem Lande	Vortrag über Tätigkeit und Verhalten auf Brandſtelle	
6 — 7	Vortrag: Organiſations- fragen u. polizeil. Verordnungen		

Lehrgangsplan für Schornsteinfegermeister.

Dieser kärgliche Lohn zwang den Kaminkehrer als wandernden Gesellen
einmal hier und einmal dort seine Dienste anzubieten. Er konnte es aber auch
nur dort, wo sich noch keine Zünfte in
seinem Gewerbe angesiedelt hatten.
Es wird angenommen, daß der Schornsteinfeger seinen Ruf als Glücksbringer
in dieser Zeit erworben hat und die Ursache sich in seiner Arbeit gegen Brandgefahr suchen läßt. Es war schon Glück
für einen Hausbesitzer, einen sauberen
Schornstein zu haben. Mit der Zeit und
im Interesse der Kommunen wurde der
Schornsteinfeger seßhaft. Damit stieg
sein beruflicher Wert und sein gesell-
schaftliches Ansehen. Wie hoch letzte-
res wuchs, ist uns etwa aus der Regierungszeit der österreichischen Kaise-
rin Maria Theresia (1740–1780) bekannt. Die Angehörigen des Gewerbes
genossen die Freiheit des Landadels,
waren vom Militärdienst befreit und
brauchten keine Steuern zu bezahlen.
Sie waren verpflichtet, das Wappen des
Hauses Habsburg auf ihrem Gurtschloß
zu tragen und sich an den Löscharbeiten vorrangig zu beteiligen.
Ein Reglement für die Städte des Herzogtums Magdeburg von 1776 verlangt
von den Schornsteinfegern den Schutz
der Dächer bei Bränden. Nach diesem
Reglement durfte sich kein Kaminkehrer ohne Genehmigung aus der Stadt
entfernen. In verschiedenen Feueror-
nungen, z. B. Hamburgs und Straß-
bourgs, war der Feuerwächter angewiesen, besonders bei Kaminbränden
den nächstwohnenden Schornsteinfeger zuerst zu benachrichtigen. Die Stadt

Hamburg hat ihre Hausnummern den Schornsteinfegern zu verdanken, welche im 17. Jahrhundert verpflichtet waren, jedes Haus zu melden, das der Kehrpflicht nicht nachkam. Ein Senatsprotokoll aus dem Jahre 1751 beinhaltet, daß in den 5 Stadtvierteln Hamburgs je ein Schornsteinfeger mit Gesellen und Lehrjungen wohnen mußte und sich sofort bei Feuer an der Ausbruchstelle einzufinden hatte. Die Feuerversicherung bestimmte sogar, daß sich sonn- und feiertags ein Schornsteinfeger als Brandwache zur Verfügung zu stellen hatte. Sein Name war auf öffentlichen Tafeln vermerkt. Auch bei der Kontrolle der Feuerstätten, welche vom Senat angeordnet waren, gab sein Wort den Ausschlag. So gibt es kaum eine Feuerordnung, in welcher der Wert des „schwarzen Mannes" nicht dokumentiert war, sei es in vorbeugender Art oder bei der Brandbekämpfung. Seine Ortskenntnis spielte dabei immer eine Rolle. Kein Wunder also, daß im organisierten Feuerlöschwesen ab der ersten Hälfte des 19. Jahrhunderts (Bildung von Feuerwehren) seine Arbeit weiterhin gefragt war. Und das setzte sich mit der Stabilisierung des Löschwesens weiter fort. Ein beredtes Beispiel sei an dieser Stelle genannt: Die Prüfungsordnung für Meister des Schornsteinfegergewerbes in den Jahren 1928–1930 schrieb vor, daß nur Meister werden konnte, wer einen 14tägigen Feuerwehrausbildungskurs bestanden hatte. Die Thüringer Regierung forderte im Jahre 1928 alle Bezirksschornsteinfegermeister unter 50 Jahren auf, in die Wehr ihres Ortes einzutreten und zu melden, ob und in welcher Funktion sie dort tätig seien.

Fest steht, daß der Mann mit dem Zylinder auf Grund der Eigenart seines Berufes immer eine wesentliche Stütze der Feuerwehr gewesen ist. Wollte man alle Leistungen auf diesem Gebiet aufzählen, würde es den Rahmen sprengen. Zahlreiche Schornsteinfegermeister stehen auch heute noch einer Wehr vor. So stellt der Schornsteinfeger sozusagen eine Symbiose zwischen Vorbeugung und Brandbekämpfung dar. Auch mit dem Rückgang der alternativen Feuerstätten und der dadurch verminderten Brandgefahr sind seine Leistungen im Wirken gegen den „roten Hahn" nicht vergessen.

„Die Erste Hilfe ist die beste": Der Feuerwehrsamariter

Schon immer gingen Brandunglücke einher mit körperlichen Schäden. Nicht allein, daß die Betroffenen Hab und Gut sowie häufig ihr Obdach verloren, oftmals waren sie auch durch Verletzungen gesundheitlich schwer geschädigt. Das bedeutete gerade in der Zeit der großen Stadtbrände und noch lange danach, daß diese Personen gezwungen waren, betteln zu gehen. Wie auch sonst sollten sie überleben? Die Bemühungen um das nackte Überleben waren in der Art nicht immer wählerisch. Zahlreiche Betroffene kamen somit auf die schiefe Bahn und endeten nicht selten auf der kommunalen Gerichtsstätte. Dieses Übel wurde später auch dadurch verstärkt, daß dieser „Brandbettel" durch den Landesfürsten oder Magistrat legitimiert war.

So zogen jahrelang Bettler, welche unverschuldet das Stigma von Menschen zweiter Klasse trugen, auf Deutschlands Straßen umher. War das schon für einen materiell Geschädigten schlimm, für einen körperlich Geschädigten bedeutete es fast immer das Aus. Sogenannte Feuer-Assecuranz-Ordnungen gab es noch nicht, und auch keine Hilfseinrichtungen, die in der Lage gewesen wären, den Verletzten Erste Hilfe zu leisten. Zwar gab es schon immer vereinzelte Bemühungen, den verletzten Menschen zu helfen, doch fehlte meist die Qualifikation und vor allem die Organisation. Blickt man in der Geschichte sehr weit zurück, so waren im antiken Rom (6 n. Chr.) den ersten Feuerwehrtruppen der Geschichte (Cohortes Vigilum) schon Ärzte (Medici) zugeteilt. Die auf den Reformen des Freiherrn von Stein beruhende kommunale Selbstverwaltung in Preußen (ab 1808) hatte großen Einfluß auf das demokratische Verhalten des Volkes. Die Gründungen von Rettungsgesellschaften im 18. und den Anfängen des 19. Jahrhunderts gehen darauf zurück. Damit wurde eine Schwachstelle der alten Feuerordnungen beseitigt, welche das Augenmerk auf die bloße Verhinderung der Ausdehnung des Brandherdes legte. Die Menschenrettung sollte nun eine ebenso wichtige Rolle spielen. Nach der Gründung von Feuerwehren in der 2. Hälfte des 19. Jahrhunderts lösten sich die Rettungsgesellschaften wegen Mangel an Aufgaben allmählich auf. Ihr neues Betätigungsfeld sollte sich in vielen Fällen im Sanitätsdienst niederschlagen. Parallel dazu entwickelte sich der Sanitätsdienst auch im Feuerwehrwesen zu einem wichtigen Faktor. 1877 forderte Magirus, daß in jeder großen Feuerwehr ein Korpsarzt zu ernennen sei, welcher bei Brandeinsätzen seinen Standpunkt beim Kommando (Einsatzleitung) haben sollte. In klei-

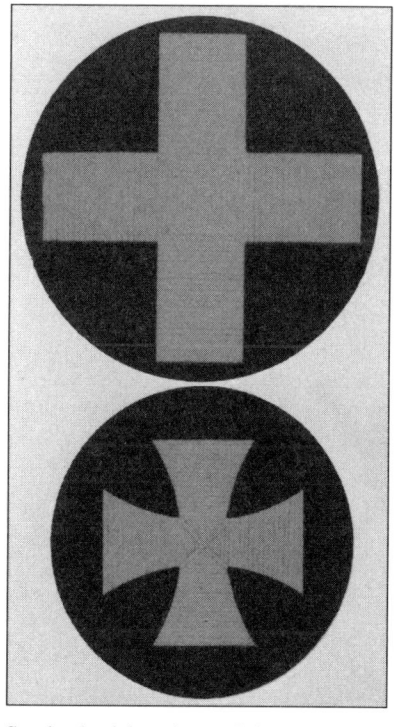

Sonderabzeichen der medizinischen Hilfsdienste Rotes Kreuz und Malteser.

57

Feuerwehrsanitäter im Einsatz (um 1900).

nen Gemeinden sollten alle Retter und Steiger Kenntnis von der Behandlung Verunglückter haben, weil ein Arzt dort oft nicht ansässig war. In Deutschland stellten sich organisierte Hilfeleistungen in der Erstversorgung des Verletzten mit dem Samariterwesen ein (1882) – bei der Feuerwehr übernahm diese Aufgabe der „Feuerwehrsamariter". Die Bezeichnung „Samariter" war aus der Bibel entliehen, wo das Gleichnis vom barmherzigen Samariter selbstlose Hilfe symbolisiert. Der Begründer des Samariterwesens war der bekannte Kieler Chirurg Prof. Dr. Friedrich von Esmarch (1823–1908). Seine damalige These: „Die Erste Hilfe ist die beste" gilt heute noch.

Esmarch setzte sich für die fachgerechte Ausbildung dieser Ersthelfer ein und der Erfolg gab ihm recht. Sein Buch über die Erste Hilfe wurde schon kurze Zeit nach der Verlegung in 29 Sprachen übersetzt und trug sein Anliegen in die ganze Welt.

Daß sich das aufstrebende Feuerlöschwesen nun auch verstärkt mit dem Samaritertum beschäftigte, lag auf der Hand. In keiner anderen Institution waren die Verbindungen so eng. Der Grundsatz „Menschenrettung geht vor Brandbekämpfung" wurde nun mit der sofortigen Erstversorgung vor Ort kombiniert. Und so war der ausgebildete Feuerwehrsamariter fester Bestandteil der Berufsfeuerwehren. Aber auch das ehrenamtliche Löschwesen war bestrebt, seine Mitglieder in diesem Metier zu schulen. Ein beredtes Beispiel lieferte die Berliner Berufsfeuerwehr bei den Feierlichkeiten zur Eröffnung des Nord-Ostsee-Kanals in Kiel 1895. Sie übernahm dort den Brandschutz. Dabei konnte durch die Feuerwehrsamariter 116mal Erste Hilfe geleistet werden, davon 16mal in sehr schweren Fällen. Bewährt hatten sich auch die neu eingeführten Verbandskästen. Diesen wurde auch in der Folgezeit große Bedeutung beigemessen. Extra zu diesem Thema hielt Feuerwehrverbandsarzt Dr. Saupe einen Vortrag auf dem 18. Deutschen Feuerwehrtag 1913 in Leipzig. Und so entwickelte sich im Lauf der Zeit Feuerwehr- und Sanitätswesen zu festen Komponenten der öffentlichen Gefahrenabwehr. Neben der Feuerwehr ist der Arbeiter-Samariterbund (ASB), welcher 1888 in Berlin als Verband der Zimmerleute gegründet wurde, fester Bestandteil der karitativen Organisationen der Bundesrepublik. Sein Spektrum reicht vom Krankentransport bis zur Ausbildung von Rettungssanitätern. Der Rettungssanitäter der jetzigen Feuerwehr, ausgebildet nach den neuesten Erkenntnissen der Erstversorgung, hatte seinen Vorläufer im Feuerwehrsamariter. Hatte früher nur eine kleine Gruppe der Feuerwehr die Feuerwehrsamariter-Ausbildung absolviert, so gehört heute der Rettungssanitäter-Lehrgang zur Grundausbildung eines jeden Berufsfeuerwehrmannes.

In Gemeinsamkeit erstarkt: Der Anfang des Verbandswesens

Die Entwicklung des Feuerlöschwesens in Deutschland ist eng verknüpft mit dem Verbandswesen. Die fortschreitende Technik, eine humanistische Denkweise, die Abkehr vom Absolutismus, der freiheitliche Gedanke und der feste Wille zur Mitverantwortung gegenüber dem Nächsten, führte in der Mitte des 19. Jahrhunderts zur Gründung von freiwilligen Löschkorps und Feuerwehren. So etwa in Meißen, Durlach und Ulm, um nur einige zu nennen.

Gerade in dieser Entwicklungsphase war der Gedankenaustausch über die kommunale Grenze hinaus ein wichtiges Anliegen der Lösch- und Rettungsanstalten. Die Erkenntnis hatte sich durchgesetzt, daß nur die Erfahrung vieler das Feuerlöschwesen weiter voranbringen konnte. Den Anfang machte der um das deutsche Feuerwehrwesen hochverdiente C. D. Magirus, Kommandant der 1847 gegründeten Freiwilligen Feuerwehr Ulm.

Er rief am 10. Juli 1853 sämtliche Vorstände der Feuerwehren Württembergs in den Gasthof „Zum Waldhorn" nach Plochingen zusammen. Zweck der Versammlung war:

1. Die Besprechung über die Mittel zur Verbesserung der Feuerlöschanstalten. Gegenseitige Mitteilung über die Verbesserung an Feuerlöschgeräten unter Vorlegung von Muster und Modellen.
2. Gründung eines Vereins, um den genannten Zweck durch regelmäßige Zusammenkünfte zu verfolgen.

Magirus gab damit auch die Anregungen zur Bildung von Feuerwehrverbänden und Abhaltung von Feuerwehrtagen. Dieser bahnbrechende Gedanke gewinnt um so mehr an Wert, wenn man bedenkt, daß es um diese Zeit in

Deutschland gerade etwa 35 Feuerwehren gab. Diesen 10. Juli 1853 kann man somit ohne weiteres als Vorleistung zur Gründung von Feuerwehrverbänden in Deutschland ansehen.

So war es eigentlich nur eine Frage der Zeit, bis beim 5. Deutschen Feuerwehrtag in Augsburg 1862 die Bildung von Landesfeuerwehrausschüssen beschlossen wurde. In Ausführung dieses Beschlusses sind die folgenden Feuerwehrverbände gegründet wurden:

• 1863 der Württembergische Feuerwehrverband
• 1863 der Badische Feuerwehrverband
• 1864 der Sächsische Feuerwehrverband
• 1868 der Bayrische Feuerwehrverband
• 1868 der Niedersächsische Provinzial-Feuerwehrverband

Aber auch in Anhalt traten die Bestrebungen zur Bildung eines Feuerwehrverbandes immer mehr in den Vordergrund. So war es die Bernburger freiwillige Feuerwehr, welche die Wehren Anhalts zwecks Gründung eines Verbandes am 15. August 1869 in ihre Stadt einlud. Doch der dort gebildete Verband war nur von kurzer Dauer. So gab es einen neuen Anlauf am 3. Mai 1883 in Dessau. Dieses Treffen der Feuerwehren Anhalts diente der Verabschiedung eines Verbandsstatutes und Gründung des Verbandes. Die Landesregierung Anhalts hatte zu verstehen gegeben, daß die Mittel des Feuerlöschfonds nur einer gemeinsamen Organisation zur Verfügung stehen würden. Als man sich am 20. Juni 1883 zum 1. Verbandtag wiederum in Dessau traf, wurde dort der Anhaltische Feuerwehrverband ins Leben gerufen. Der Kaufmann Louis Wittig, Kommandant der Köthener Turnerfeuerwehr, einer der führenden Wehren Anhalts, wurde wegen seines Engagements für das Feuerlöschwesen zum 1. Vorsitzenden gewählt. Er übte dieses verantwortungsvolle Amt bis 1899 aus. Abschließend sei bemerkt, daß gerade in den Anfangsjahren des Verbandswesens die Vorbildwirkung gegenüber nicht organisierten Wehren klar herausgestellt wurde. Gegenseitige Erfahrungen wurden somit allen zuteil und nicht zuletzt wurde dadurch das Gemeinsamkeitsgefühl gestärkt, in der Gewißheit, einer schönen und edlen Sache aus freier Entscheidung zu dienen.

Die Fabrikfeuerwehr: Eine Notwendigkeit des industriellen Aufschwungs

Die rasante Entwicklung der Wirtschaft nach 1880 durch neue Energien und Technologien, die daraus folgende Abkehr vom Manufakturwesen und der Beginn einer Massengüterproduktion, warfen in den Fabriken und Werken die Frage der Produktionssicherheit auf. Die Gefährlichkeit mancher nun herge-

Übung der freiwilligen Fabrikfeuerwehr der Ammendorfer Papierfabrik (1928).

stellter Stoffe und Güter in ihrer ganzen Vielfalt, verbunden mit komplizierten Herstellungsprozessen, verlangte den Schutz der Produktionsanlagen und der Produzierenden. Viele Fabriken gewannen zusehends an wirtschaftlicher Größe, so daß auch ihr Territorium einem ständigen Wachstum unterzogen war. Das war um so problematischer, da viele Fabriken und Werke innerhalb des städtischen Bereichs lagen, und somit im Störfall eine Gefahr für die Umgebung darstellten. Die Sicherheit und der Schutz der Unternehmen geriet somit immer mehr in den Vordergrund. Die Betriebsleitungen griffen dabei nicht auf die bestehenden kommunalen Feuerwehren zurück (freiwillige und Berufsfeuerwehren), sondern stellten eigene Wehren, in den Anfängen noch Privatfeuerwehr genannt, auf. Nicht, daß die kommunale Feuerwehr durch den eventuellen Einsatz in der Fabrik überlastet gewesen wäre, andere Überlegungen der Direktionen traten hier hervor. In erster Linie rekrutierte sich der Wehrmannschaften aus dem eigenen Betriebspersonal. Das hatte den Vorteil, daß die Feuerwehrleute jederzeit aus dem Arbeitsprozeß heraus einsatzbereit waren. Hinzu kam der relativ kurze Anmarschweg zur Brandstelle. Ein nicht zu verachtender Aspekt war die Kenntnis des Produktionsablaufes, die Art und Menge der hergestellten Güter und deren Gefährlichkeit im Brandfalle. Genaue Ortskenntnis spielte ebenso eine Rolle, wie vorbeugendes Verhalten im täglichen Umgang mit diesen Produkten. Vor allem in der aufkommenden chemischen Industrie war das neben anderen Wirtschaftszweigen von Bedeutung. In zahlreichen Unternehmungen bekamen die Fabrikfeuerwehrmänner eine Wohnung in unmittelbarer Nähe des Werkes, um somit auch in ihrer Freizeit verfügbar zu sein. Auch der Schutz der Einsatzkräfte vor aggressiven und lebensbedrohenden Medien mußte bedacht werden. Demzufolge entwickelten sich je nach Struktur der Fabrik spezielle Schutzbekleidungen und Geräte. Auch im taktischen Bereich mußten aus vorgenannten Gründen neue Wege beschritten werden. Kleinere Unternehmen verlangten teilweise sogar den Beitritt aller ihrer Mitarbeiter zur Wehr, wie das aus der Betriebsvorschrift einer Baumwollspinnerei von 1867 bekannt wurde. Führten sich Wehrleute in Uniform außer Dienst unanständig auf, war mit ihrer Entlassung zu rechnen. Der gute Ruf der Fabrik demonstrierte sich auch im Auftreten ihrer Feuerwehr. „Image"-Beeinträchtigung durch ungehöriges Benehmen wurde nicht hingenommen. Daß bei allen diesen Dingen ökonomische Interessen die Hauptrolle spielten, dürfte verständlich sein. Eine Tabakfabrik in Schwaz (Tirol) soll im Jahre 1831 als erstes Unternehmen eine freiwillige Werkwehr aufgestellt haben. Als eine der frühesten Werkfeuerwehren gilt auch die Wehr der Maschinenfabrik Keßler in Karlsruhe aus dem Jahre 1848. 1860 gründete die Gewerkschaft der Hüttenberger Eisen AG in Brückl (Tirol) eine Wehr. 1880 entwickelte sich aus der Löschmannschaft der Anilinfabrik Meister, Lucius und Brünning, die Fabrikfeuerwehr Hoechst auf freiwilliger Basis, bis 1912 eine Berufswerkwehr gebildet wurde. Wie schon oben erwähnt, mußte für die Fabrikwehr ein auf die Produkte zugeschnittener Schutz gewährt sein. Hoechst führte deshalb 1912 Gummiponchos gegen Säuren und Laugen ein. 1900 besaßen die dortigen Wehrleute schon Rauchschutzapparate gegen giftige Gase. 1918 gab es bei Hoechst ein akustisches Alarmsystem bei Gasausbrüchen. Magirus äußerte sich im Jahre 1877 lobend über die Fabrikfeuerwehr von Krupp in Essen. 62 Mann stark verfügte sie damals über 8 Spritzen, 8 Gerätewagen und einen Mannschaftstransportwagen. Die Löschwasserversorgung wurde über eine Hochdruckwasserleitung mit 300 Hydranten sichergestellt. In zahlreichen Unternehmungen kontrollierten Feuerwächter nach Arbeitsende in einem gewissen Zeitrhythmus die Brandsicherheit. Ihre nächtlichen Runden wurden mit den damals aufkommenden Stempel- oder Kontrolluhren dokumentiert. Um sich als Angehöriger einer Fabrikfeuerwehr äußerlich kenntlich zu machen, trug man oft das Abzeichen des Werkes oder der Fabrik am Helm oder am Kragen der Uniform. Auch eine Kokarde mit der Inschrift „Fabrikfeuerwehr" war üblich. Bei Hoechst hatten die Wehrleute ein großes „H" am Helm.

Den Vorschriften nach lehnten sich die Fabrikfeuerwehren an die Feuerwehrverbände an, um in deren Sinne als freiwillige Feuerwehr anerkannt zu werden. Das berechtigte dann zum Tragen der amtlichen Abzeichen und Uniform.

Nicht vergessen seien die Bahnfeuerwehren und die Grubenwehren, welche im übertragenen Sinne eigentlich auch Werkfeuerwehren waren. Viele deutsche Bahnhöfe stellten aus ihrem Personal Pflichtfeuerwehren und freiwillige Feuerwehren auf. Als 1847 das Karlsruher Theater brannte, wurde auch die Bahnfeuerwehr des dortigen Bahnhofes angefordert. Die Uniform der Bahnwehr war wie bei der Fabrikwehr bis zur Vereinheitlichung 1936 verschieden. Allerdings wurde auch danach das Flügelrad als Abzeichen der Bahn getragen. Um 1900 gehen die Bahnfeuerwehren allmählich in die Stellung der freiwilligen Feuerwehren mit Anschluß an die Landesverbände über.

Der Gefährlichkeit der Untertagearbeit Rechnung tragend, konstituierten sich Grubenwehren, welche in staatlichen und privaten Bergwerken tätig wurden. Schlicht und derb war ihre Uniform, wenig Wert auf Äußerlichkeit legend, war sie dem Zweck angepaßt. Das Bergmannszeichen Hammer und Schlägel oder gekreuzte Hauen, wurden neben dem staatlichen Adler an dem Helm getragen.

Auch der „Großbetrieb Militär" in den deutschen Ländern stellte zur Sicherung seiner Gebäude und Anlagen eigene Löschkräfte auf. Immerhin stellte eine Kaserne mit allen Neben- und Wirtschaftsgebäuden, Munitionslagern und Waffenkammern eine nicht zu unterschätzende Gefahr dar. Eine Kasernenfeuerwehr aus Soldaten, welche diese Gefahr kannten und damit umgehen konnten, war das Naheliegende. In mancher Garnisonsstadt leisteten sie auch außerhalb der Kasernenmauer Hilfe. So beschwerte sich in Goslar 1869 ein Jägerregiment über seine häufige Löschhilfe in der Stadt, weil es keine Schutzbekleidung hatte, und somit in der Felddienstuniform löschen mußte.

Heute sind die Werkfeuerwehren, dem technischen Fortschritt Rechnung tragend, hochentwickelte mit allen Möglichkeiten der Vorbeugung und Gefahrenabwehr ausgestaltete Festpunkte im Sicherungssystem der Unternehmen. Mit der Aufstellung von freiwilligen Fabrikfeuerwehren seit Mitte des 19. Jahrhunderts, nahm dieses seinen Anfang.

„Sauver ou Perir": Der Weg zur Pariser Berufsfeuerwehr

Die Vorreiterrolle der französischen Hauptstadt Paris für das Feuerlöschwesen zahlreicher Länder Europas ist unumstritten. Nicht umsonst ließen sich verdiente Persönlichkeiten wie Magirus oder Metz und mit ihnen zahlreiche Wehren Deutschlands vom französischen Vorbild anregen und leiten. 1850 zum Beispiel, ein Jahr vor der Gründung der Berufsfeuerwehr Berlin, gab es in Frankreich schon ein Lehrbuch für den Feuerwehrdienst („Nouveau Manuel complet du Sapeur-Pompiers").

Es begann im Jahre 1699, als ein Edelmann aus der Provence mit Namen Dumourri-er-Duperrier das Privileg für den Bau und Verkauf von Feuerspritzen erhielt. Dieser Mann wurde Jahre später, am 23. Februar 1716, in Paris zum Spritzendirektor ernannt und verpflichtete sich, 60 Mann für den Feuerwehrdienst auszubilden. Diesen Feuermännern wurde ein Jahressold von 100 Livres gezahlt, und alle drei Jahre gab es eine neue Uniform. Die Leute kann man durchaus schon als berufsmäßig bezeichnen. Nachfolger Duperriers führten im Laufe der Zeit viele Verbesserungen ein. Der Personalbestand wurde erhöht, so daß im Jahre 1770 die Kompanie aus 146 Besoldeten bestand. Die Wachen der Stadt wurden auf 16 erweitert. 8 Wasserwagen und 30 Spritzen standen zur Verfügung. Durch Gesetz von 1790 und 1791 führt man die Theaterwache ein, was zur Folge hatte, daß Theaterbrände selten wurden. Mit Säbeln ausgerüstet, bestand das Korps im Revolutionsjahr 1793 aus 1 Kommandanten, 1 Leutnant, 2 Unterleutnants, 3 Adjutanten, 27 Brigadiers, 27 Sousbrigadiers, 28 Gefreiten und 174 Gemeinen. Es gab 44 Druck- und 12

Entwicklung der Einsatzbekleidung der französischen Feuerwehr.

Saugspritzen und 42 fahrbare Wasserfässer. Die Anzahl der Wachen vermehrte sich auf 27. Durch ein Dekret des Nationalkonvents setzte man 1795 den Gesamtpersonalbestand auf 3 Kompanien mit 376 Mann fest. Ein tragisches Ereignis aber war der Auslöser, der zur Einverleibung der Wehr ins Militär führte. Quasi stellte es die Geburtsstunde der Pariser Berufsfeuerwehr dar: Am 1. Juli 1810 gab der österreichische Botschafter in Frankreich, Graf von Schwarzenberg, einen Ball. 1.200 Personen waren in seine Residenz in der Rue Mont-Blanc geladen. Gerade in dem Moment, als die Gräfin von Schwarzenberg ihre Töchter dem Kaiser Napoleon vorstellte, geriet ein Vorhang in Brand. Der Brand breitete sich rasend schnell im ganzen Gebäude aus. Am Ende forderte er

Einsatz der Sapeur-Pompiers bei einem Kellerbrand.

9 Tote und zahlreiche Verletzte. Napoleon war darüber derart betroffen, daß er sofort eine Untersuchung anordnete. Aus den Untersuchungsergebnissen, welche ihm persönlich vorgelegt wurden, zog er folgende Schlüsse:

1. Vorbeugungsmaßnahmen gab es nicht.
2. Der Leiter der Pariser Feuerwehr war abwesend und hatte keinen Vertreter bestimmt.
3. Die Feuerwehrleute zur Ballwache waren als „nicht nötig" fortgeschickt worden.
4. Die Baustoffe des Ballsaales waren sehr feuerempfänglich.
5. Die Ausbildung der Mannschaft war mangelhaft.
6. Die Führungsriege überaltert und ohne Engagement.

Auf der Grundlage dieser Erkenntnissen wandelte Napoleon am 18. September 1811 durch kaiserliches Dekret die Feuerwehr von Paris in das „Bataillon de Sapeurs-Pompiers de Paris" um. Es stellte somit eine militärische Einheit zu 4 Kompanien mit 13 Offizieren und 563 Mann dar. Mit Gewehren bewaffnet, standen diese unter Befehl des Innenministers und Polizeipräfekten. Neben der Wahrung des Brandschutzes konnten sie auch im Sicherheitsdienst eingesetzt werden, unterstanden aber dem Militärgesetz.

Unter den verschiedenen Kommandanten, oft im Rang eines Pionieroffiziers, wurden nun viele Verbesserungen und Neuerungen eingeführt: Hakenleitern,

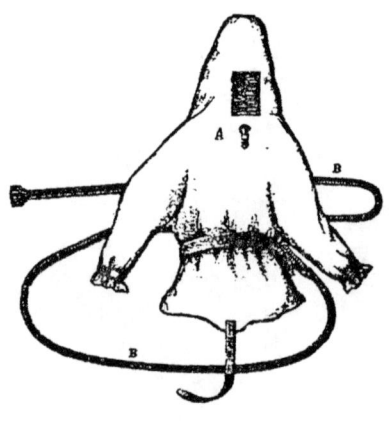

Kellerapparat von Paulin (1845).

Rettungsschläuche, Frischluftapparate für Kellerbrände, Gleichförmigkeit (Normung) und Leichtigkeit der Feuerwehrgerätschaften usw. Neben der Handdruckspritze führte ein Requisitenwagen (Rüstwagen) alle Geräte und Werkzeuge zur Rettung und Brandbekämpfung mit.

Das zentral geführte Kommando, gute taktische Schulung und militärische Disziplin führten letztendlich dazu, daß Paris von den damals häufigen Stadtbränden verschont blieb. Ein dichtes Netz von kleinen Feuerwachen zog sich durch alle Stadtgebiete. Die Anmarschwege waren dadurch extrem kurz, und Brände konnten vor ihrer Ausdehnung schnell gelöscht werden. Erkenntnisse, welche in anderen Großstädten erst sehr viel später zu entsprechenden Maßnahmen führten.

Seit dem Dekret Napoleons bis heute sind die Pariser Sapeur-Pompiers Mitglieder des Heeres und gehören dort zur Pioniertruppe (Sapeur = Schanzsoldat = Pionier). Die Brigade (BSPP) wurde 1967 ins Leben gerufen. Unter Leitung eines Generals mit Stab verfügt sie über 3 Brandschutzabteilungen zu 8 Kompanien, welche 78 Feuerwachen besetzen. Die Brigadestärke beträgt zur Zeit (in etwa): 251 Offiziere, 45 Ärzte, 1.215 Unterführer und 5.682 Mannschaften.

Die Brigade de Sapeurs-Pompiers de Paris (BSPP) gilt als Vorbild aller Feuerwehren Frankreichs. Die Aufschrift auf dem Helm der Feuerwehrleute „Sauver ou Perir" („Retten oder Untergehen") mag für manchen etwas pathetisch klingen. Auf jeden Fall dokumentiert sie die Einstellung einer Feuerwehrtruppe, welche sich tagtäglich, ungeachtet der Besonderheiten einer Großstadt, dem Schutz ihrer Bürger widmet. So zählen die Pariser Sapeur-Pompiers nicht nur wegen ihrer geschichtlichen Vergangenheit auch heute noch zu den besten Feuerwehrleuten.

Die Union Fire Company: Die erste freiwillige Feuerwehr der USA

Der Erfinder des Blitzableiters, Benjamin Franklin, war zweifellos eine herausragende Persönlichkeit. Er betätigte sich als Politiker, Naturforscher und Schriftsteller. Der gelernte Buchdrucker gab in Philadelphia Zeitungen heraus, hatte maßgeblichen Anteil an der Entwicklung des Pressewesens, forcierte das Postwesen.

Er war Mitglied des Abgeordnetenhauses, des Kontinentalkongresses und Unterzeichner der Unabhängigkeitserklärung. Als Gesandter in Frankreich verbuchte er wesentliche Erfolge. (Französisch-Amerikanisches Bündnis 1778).

Seine Forschungsarbeiten bezogen sich auf den Magnetismus, die Hydrodynamik, die Wärmeleitung und Strahlung. Ferner war er Autor vieler Bücher und Schriften. Er vertrat als Puritaner die Auffassung, daß nur ein sparsam aktives Leben zum Erfolg führt. Benjamin Franklin war der erste Amerikaner, der auch in der „alten Welt" einen hohen Bekanntheitsgrad erlangte. Die meisten der obengenannten Leistungen Franklins sind in den Lexika nachzulesen, bis auf eine wesentliche Erkenntnis dieses Mannes, die seiner puritanischen Lebensauffassung zutiefst entsprach: „Der Schutz des Mitmenschen und der Gesellschaft vor Gefahren."

Im Jahre 1737 schrieb Franklin einen Aufsatz über Unfälle und Fahrlässigkeiten, durch welche immer wieder Brände entstanden. Er beließ es aber nicht bei der bloßen Aufzählung dieser Nachlässigkeiten, sondern schlug Mittel und Methoden zur Vermeidung derselben vor. Sein Aufsatz fand derart großen Anklang und Zustimmung, daß sich bald darauf eine Vereinigung konstituierte mit dem Ziel „Zur rascheren Löschung von Feuersbrünsten und zur gegenseitigen Hilfe und Beistand bei der Rettung und Bergung von Gütern und Besitz". Diese Vereinigung bestand aus 30 Bürgern, welche laut Satzung verpflichtet waren, lederne Löscheimer und Behältnisse zur Fortbringung geretteten Gutes bereitzuhalten. Der Verein traf sich monatlich einmal in zwangloser Runde, um zu besprechen, wie ein Brand am vorteilhaftesten und schnellsten gelöscht werden sollte. Bald waren auch andere von der Gemeinnützigkeit dieses Vereins überzeugt und so bildeten sich in steigender Zahl weitere. Kam ein Mitglied einmal nicht zur festgesetzten Versammlung, hatte es eine kleine Geldbuße zu entrichten, welche zum Kauf von Löschgeräten verwendet wurde. Der obengenannte Verein wurde am 7. Dezember 1736 durch Benjamin Franklin in Philadelphia

Benjamin Franklin als Feuerwehrmann.

gegründet und nannte sich Union Fire Company. Die Company war die erste freiwillige Feuerwehr der Neuenglandkolonien und bestand bis zur Gründung des Philadelphia Fire Departments 1871. „Tatsache ist", so schreibt Franklin in seiner Autobiographie, „daß seit Bestehen dieser Einrichtung der Stadt niemals mehr als ein oder zwei Häuser durch Brände verloren gingen, meistens sind aber die Flammen gelöscht worden, bevor das Haus, worin der Brand war, ganz abbrannte."

Eine bemerkenswerte Leistung wenn man bedenkt, daß zu dieser Zeit noch ganze Städte ein Raub der Flammen wurden. Franklin hatte wie kein anderer vor ihm erkannt, daß die materiellen Grundwerte und die Sicherheit jedes einzelnen die Voraussetzung für ein gut funktionierendes Staatsgefüge darstellen.

Somit gründete er in Amerika als erster den freiwilligen Feuerlöschdienst, ohne den gestern wie heute der Brandschutz nicht finanzierbar wäre. Er löste damit eine Bewegung aus, welche in der Bevölkerung tiefe Wurzeln schlug, geprägt im Solidaritätsgefühl gegenüber dem Mitbürger. Oder wie es die deutschen Feuerwehrleute ausdrücken: „Dem Nächsten zur Wehr."

Der Weg zum „Fels": Die New Yorker Fire-Academy

Es stellte sich nach der Gründung von Berufsfeuerwehren bald heraus (und zwar weltweit), daß zu deren Ausbildung auch Berufsschulen nötig sind. Die speziellen Bedingungen in einer Großstadt stellten den Feuerwehrmann auch schon früher vor komplizierte Aufgaben. Die Rettung von Menschen und die Brandbekämpfung selbst konnte dabei nicht auf der Grundlage von „Schulbuchweisheiten" erfolgen. Die praktische Ausbildung (Grundausbildung), das sogenannte heiße Training, mußte die dominierende Rolle spielen. Die Feuerwehrschulen besaßen die Möglichkeiten, die Feuerwehrleute entsprechend aus- und fortzubilden.

Eine der wohl perfektesten Feuerwehrschulen der Welt ist die Fire-Academy auf der Randall's Island in New York. Neben hohem fachlichen Wissen wird auf der Schule besonders Mut, Kameradschaft, Teamgeist und, wie es Fire Comissioner Joseph F. Bruno ausdrückte, echtes Draufgängertum gefördert.

Mehr als 745 New Yorker Feuerwehrmänner opferten seit Bestehen des Fire Departments (1865) ihr Leben im Einsatz. Viele andere trugen schwere körperliche Schäden davon. Heute kommt das Department auf ca. 350.000 Einsätze pro Jahr, eine beeindruckende Zahl, die für sich spricht, und das Bemühen um angemessene Trainingsmöglichkeiten verständlich macht.

New Yorker „Fire Fighters" bei einem Geschäftsbrand in Manhattan (1993).

Von der New Yorker Fire-Academy und den zahlreichen Wachen geht ein eigener Berufsethos aus. Nicht zuletzt auf Grund der sogenannten aggressiven Brandbekämpfung in Amerika wird diese Schule von den Feuerwehrmännern symbolisch „The Rock", der Fels, genannt.

Zur Vorgeschichte: Vier Jahre nach Gründung der New Yorker Feuerwehr 1865 wurde vom Büro der Metropolitan Fire Commissioners, unter Leitung von General Alexander Shaler, eine Offiziersschule ins Leben gerufen und ein Inspektionshandbuch für Offiziere erarbeitet.

1882 war für die Schule ein richtungweisendes Jahr. Die New Yorker Feuerwehr kaufte damals die ersten Hakenleitern und beauftragte deren Erfinder, Chris Hoell von der Feuerwehr St. Louis, mit der Ausbildung an diesem Gerät. Das führte am 7. Juni 1883 zur formalen Gründung der Instruktionsschule durch die Generalanweisung Nr. 4. Die „School of Instructions" umfaßte zwei Klassen:

1. Das Lebensrettungscorps. Es beinhaltete das Training mit Leitern, Leinen und anderen Rettungspraktiken.

2. Die allgemeinen Instruktionen und Aufgaben des Feuerwehrmannes beim Feuer.

Besondere Aufmerksamkeit richtete man auch auf Handhabung, Pflege und Anwendung von Geräten und Hilfsmitteln zum Feuerlöschen. Diese erste Instruktionschule New Yorks war im Haus der „Engine Companie 47" in Manhattan untergebracht. Ein altes Zuckerlagerhaus in der 158 West-Street am Hudson River wurde als erstes Übungsgebäude genutzt. Am 1. Januar 1887 konnte ein neues Hauptquartiergebäude in der 67. East Street eingeweiht werden. Die School of Instructions zog in das fünfte Obergeschoß dieses Hauses um. Eine große, bis zur 68. Straße reichende Freifläche hinter dem Haus diente als Übungsgelände. Die hintere Fensterfront des sechsgeschossigen Baues nutzte man als Übungswand für Hakenleitern.

Gemäß Order Nr. 8 vom 5. Mai 1888 wurde nun eine sogenannte Kompanieschule für die Grundausbildung von Feuerwehrmännern gegründet. 1911 konstituierte sich das „Fire College" als Abteilung des Departments. Es setzte sich zusammen aus einer Offiziersschule, einer Ingenieurschule, einer Kompanieschule und einer Probe-Feuerwehrmannschule. Da im Hauptquartier immer Platzmangel herrschte, mußte die Ausbildung häufig in öffentliche Schulen verlegt werden, bis am 1. Mai 1918 ein Schulungsgebäude in der 153. West Street bezogen werden konnte.

Chris Hoell.

1934 zogen alle Fachbereiche, bis auf die Probe-Feuerwehrmannschule, in das Packard Building auf Long Island, dann ab 1948 in ein Gebäude der Hunters Point Avenue 35 auf Long Island. Nach Fertigstellung eines neuen Trainingszentrums auf Weifare Island (heute Roosevelt Island) 1963 konnten alle früheren Übungseinrichtungen geschlossen werden. Dieses neue Trainingszentrum war das erste, das nicht nur alle Übungsoperationen auf einem Areal vereinigte, sondern es war auch eine Neuheit, daß „lebendes" Feuer im Training angewendet wurde. Bis dahin bestanden die Übungen aus Simulationen mit trockenen Schläuchen. Die heutige FIRE ACADEMY auf Randall's Island konstituierte sich im Jahr 1975 und ging 1976 in Betrieb. Die New York Urban Development Corporation baute die Einrichtungen unter der strengen Vorgabe des Fire Department City of New York. Spätestens von dieser Zeit an, gehört „The Rock" zu den besten und realistischsten Feuerwehrausbildungszentren der Welt.

Alexander Shaler.

Der besondere Erfolg dieser Schule ist in einem ihrer Grundsätze zu finden: „Training is forever" (Training ist immer).

Schwanenhälse und Feuerlöschbomben – die Technik

Axt und Beil im Symbol der Feuerwehr

Eines der bekanntesten Symbole ist das der Feuerwehr: Axt/Beil und Helm. Auf den Kragenspiegeln der Uniformen, an Gerätehäusern, auf Stempeln und Vereinsfahnen, auf Abzeichen und Medaillen usw. ist es präsent. Aber beileibe nicht nur in Deutschland. Was macht nun gerade das Beil oder die Axt so interessant, daß sie als Symbole einer ganzen Institution dienen?

Das Beil als Werkzeug hat eine lange Tradition. Nicht allein, daß es eines der ersten Werkzeuge überhaupt ist, wurde sein Wert bei der Brandbekämpfung schon sehr zeitig erkannt. Waren doch Beil, Axt, Löscheimer und Feuerhaken, von den dürftigen Handspritzen abgesehen, die einzigen Hilfsmittel im Kampf gegen das Feuer im frühen Mittelalter. Schon im 6. Jahrhundert nach Chr. führte die Feuerschutztruppe des Kaisers Augustus in Rom, die Cohortes Vigilum, langstielige Äxte und Beile in ihrer Ausrüstung. Eingeführt in den Feuerlöschdienst werden Beil und Axt wohl die Zimmerleute haben, denen sie als Hauptwerkzeug dienten. Die ersten Feuerlöschordnungen wiesen deshalb schon an, von der Zweckmäßigkeit der Axt und des Beiles überzeugt, daß sich

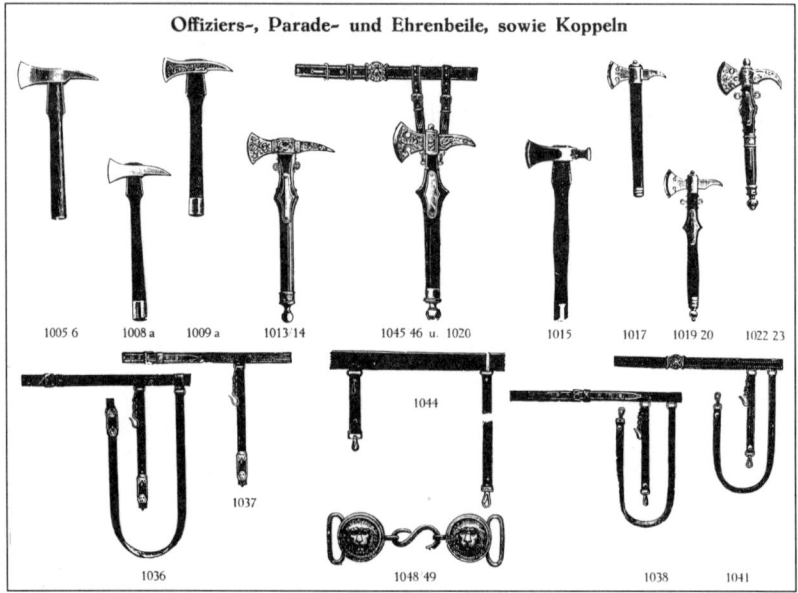

Beile in einem Verkaufskatalog (um 1910).

die Gesellen der Zimmererzunft mit selbigem Werkzeug auf der Brandstelle einzufinden hatten. Das Feuerreglement für die Städte des Herzogtums Magdeburg von 1776 sagt unter anderem aus: „Meister und Gesellen der Zimmerer, Maurer, Dachdecker und Schornsteinfegerzunft haben sich bei Verlust ihres Meisterrechts, bei Leibes- und Geldstrafen mit Hammer und Äxten dem Feuerlöschdirigenten zu unterstellen und bedrohte Nachbargebäude einzureißen."

Das Einreißen war meist die einzige Möglichkeit, das Feuer an seiner weiteren Ausdehnung zu hindern. Die Axt spielte hierbei die dominierende Rolle. 1850 wurden Hamburgs „Wittkittel", d. h. Weißkittel, nach den bei der Brandbekämpfung getragenen weißen Leinwandröcken, mit langstieligen Äxten ausgerüstet, welche sie im Dienst stets bei sich führen mußten. Die sich nach der Revolution von 1848 konstituierenden Turnerfeuerwehren forderten für ihre persönliche Ausrüstung ein handliches Beil, welches sie auch erhielten. Ein Steiger ohne Seil und Beil war nicht denkbar. War es doch oft das Beil, das den Weg zur Rettung von Personen oder zur Brandbekämpfung erst ermöglichte. Magirus schreibt 1877 in seinem Buch

Hamburger Feuerwehrmann mit typischer Feuerwehraxt (um 1900).

73

Helmwappen.

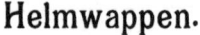

Nr. 56, 7 cm hoch,	Nr. 57, 6 cm hoch,	Nr. 58, 8 cm hoch,
mit Ortsnamen,	Messing . . M 0,60	Messing . . M 0,75
Messing . M 1,—*	versilbert . „ 0,75	versilbert . „ 1,—
versilbert . „ 1,20*	vergoldet . „ 1,—	vergoldet . „ 1,25
vergoldet . „ 1,50*		

Nr. 59,	Nr. 60,	Nr. 61,
Messing . . M 0,75	Messing . . M 1,—	Messing . . M 1,25
versilbert . „ 1,—	versilbert . „ 1,25	versilbert . „ 1,50
vergoldet . „ 1,25	vergoldet . „ 1,75	vergoldet . „ 2,—
		mit Ortsnamen mehr M 0,40.*

Nr. 62, mit Ortsnamen,	Nr. 63, mit Anfangsbuchstaben,
Messing . . . . . . M 1,75*	Messing . . . . M 1,25
versilbert . . . . . . „ 2,—*	versilbert . . . . „ 1,50
vergoldet . . . . . . „ 2,50*	vergoldet . . . . „ 2,—

Nr. 64,	Nr. 65,	Nr. 66,
Messing . . . M 0,50	Messing . . . M 1,75	mit Namenszug.
versilbert . . „ 0,60	versilbert . . „ 2,25	Preise auf Anfrage.
vergoldet . . „ 0,75	vergoldet . . „ 3,—	

* mit Ortsnamen bei Abnahme von mindestens 15 Stück.

Die gekreuzten Beile im Helmwappen.

„Das Feuerlöschwesen in allen seinen Teilen": „Das Beil findet seine häufig-
ste Verwendung zum gewaltsamen Öffnen verschlossener Türen, zum Aufreißen
des Bretterbodens bei Feuer im Gebälk, Durchschlagen dünner Wände, um
durch die hergestellte Öffnung besser auf den Brandherd spritzen zu können.
Hieraus ergibt sich die zweckmäßigste Form des Steigerbeils, auf der einen
Seite die Fläche, auf der anderen die Spitze. Zur Verrichtung größerer Kraft-
entfaltung dient die Feuerwehraxt. So bilden sich je nach Anwendungszweck
besondere Formen von Beilen heraus. Das schon beschriebene Spitzbeil, das
Berliner oder Norddeutsche Beil mit Dielenbrecher am Stielende, das Ham-
merbeil zum Einschlagen von Seilhalterungen oder Vernageln von Abstüt-
zungen, Beile mit Schlagstück aus Hartholz zum Nachschlagen von Mes-
singverschraubungen."

Fast parallel dazu werden Ehren- und Paradebeile, als Standessymbol Offi-
ziersbeile hergestellt und getragen. Schön geformte, oft ziselierte, damas-
zierte oder geätzte Beilklingen mit Edelholzstiel treten in den mannigfaltigsten, aber auch verkitschten Dessins auf.

Vor jeder deutschen Stadtfeuerwache stand bis zum Jahr 1918 zur Repräsentation ein Feuerwehrmann in Paradeuniform mit geschulterter Feuerwehraxt.
Diese Axt wurde bei hohen Dienstgraden präsentiert wie ein Gewehr.

Kurios mutet heute an, daß Berliner Feuerwehrleute damals das Fechten mit
dem Axtstiel erlernen mußten, als sogenannte Schutzmaßnahme gegen Ran-
dalierer am Einsatzort.

Wie dem auch sei, das Beil als universell einsetzbares Werkzeug trägt auch
heute noch der Angriffstrupp an seinem Gurt, genau so wie die Feuerwehraxt
zur Bestückung des Löschfahrzeuges gehört. Auch die schon öfter aufgetre-
tenen Meinungsverschiedenheiten über das Für und Wider des Feuerwehrbeils
konnten seine Existenz bis heute nicht gefährden. Als Teil des Symbols der
Feuerwehr wird es ohnehin seine Berechtigung behalten.

Durch der Hände lange Kette: Feuer-, Brand- und Löscheimer

Heute, in unserer hochtechnisierten Zeit, werden oft Gegenstände belächelt,
die in grauer Vorzeit, in Ermangelung besserer Möglichkeiten, eine Notwendigkeit darstellten. Im Feuerlöschwesen betrifft das in erster Linie den Lösch-
und Feuereimer. Dieser Löscheimer stellte lange Zeit das einzige Löschgerät
dar und war auch im Zeitalter der Handdruckspritze nicht wegzudenken. Der
Eimer ist das älteste Löschgerät überhaupt. Bekannt in China seit 564 v. Chr.
Im römischen Imperium wurde der Löscheimer (hama) 6 n. Chr. von den damaligen Brandbekämpfern, den Cohortes Vigilum, benutzt.

Die ersten Löscheimer im frühen Mittelalter werden zweifelsfrei Haushalts-
eimer gewesen sein. Was bot sich auch sonst an, einen Entstehungsbrand
schnell zu löschen? Als in Wien 1454 die erste Feuerordnung erlassen wurde, stand darin zu lesen: „... die Bader sollen mit ihren Bottichen zur Brandstelle eilen ..." Das wurde von allen einschlägigen Berufen verlangt. So
verpflichtete die Stadt Esslingen 1326 alle Weinhändler, Eichmeister und
Schankwirte, mit ihren Eimern und Gölten Löschversuche beim Feuer anzustellen. Abgesehen davon, daß die Löschwirkung aus Eimern bei einem ausgedehnten Brand sehr gering war, reichte die Anzahl der Eimer nie aus. So wurde später jeder Bürger verpflichtet, einen Feuereimer, versehen mit Nummer
und Namen, anzuschaffen. Er war bei behördlicher Revision vorzuzeigen.
Auch die Kommunen selbst verfügten über eine Vielzahl dieser Eimer. Gela-
gert wurden sie an zentralen Stellen der Stadt. Oft hingen sie unter dem Ton-
nengewölbe der Rathauseinfahrt. Daneben wies so mancher Spruch auf ihren
Zweck hin, so zum Beispiel dieser:

> „Hier hangen die Eimer in gemein
> Ein jeder Bürger der hat ein
> Und mancher hat auch ihr wohl zwei
> Im Fall der Not, da Gott für sei."

Abbildung einer Eimerkette auf einem Notgeldschein.

Historische Löscheimer.

Da man sehr schnell herausgefunden hatte, daß die anfänglichen Holzeimer bei der Lagerung austrockneten und undicht wurden, stellten Handwerker Eimer aus Strohgeflecht, Leder, Leinwand und später aus Blech her. Sie wurden mit Bienenwachs, Pech oder Lack konserviert und abgedichtet. Bekannt war der Leinenwebermeister Franz Parsch aus dem Erzgebirge, der seine Feuereimer aus rohem Leinen sehr gut verkaufte (1765). Die Vorläuferin der spateren berühmten Firma Merryweather in London produzierte 1692 vorwiegend lederne Löscheimer. Das alte deutsche Hohlmaß – ein Eimer etwa 60 Liter – war auf den Löscheimer aus Gründen der Handhabung nicht anzuwenden. Wichtig war die längliche, zylindrische Form des Eimers, aus der sich ein Wasserguß besser plazieren ließ als bei einem größerem Durchmesser. Blechlöscheimer besaßen später zur besseren Bedienung Wurfbügel unter dem Boden.

Mit der Einführung der Handdruckspritze in Deutschland (ab 1517) ging die Zeit der Löscheimer noch lange nicht zu Ende. Da diese Spritzen noch nicht selbst ansaugen konnten, mußten sie mittels Eimerkette gefüllt werden. Selbst bei fortschreitender Technisierung konnte vor allem auf dem Lande auf die Eimerkette nicht verzichtet werden. Noch im Jahre 1806 liefen in der Hafenstadt Hamburg Feuerwächter mit umgehängten Löscheimern aus Naturfasern – gedacht für Entstehungsbrände – ihre Runden.

Die robuste, schwere Bauart alter Feuerleitern mit Mittelholm ist auf die Eimerkette zurückzuführen. Auf der einen Seite wurden die Eimer hochgereicht, auf der anderen gingen sie zurück. So waren auf diesen Leitern immer mehrere Personen tätig, was die stabile Bauart begründet. Kein Spritzenhaus vor und nach der Jahrhundertwende, welches nicht über Aufhängevorrichtungen zum Trocknen von Feuereimern verfügte. Die Feuerwehrgerätefabriken Magirus, Ewald und Lieb stellten 1914 neben Blecheimern sogar noch Lederfeuereimer her. Eine Spezialisierung wurde mit dem Wurfeimer erreicht, durch dessen zweckmäßige Ausführung eine Wurfweite von 8 Metern erzielt werden konnte. Da dieser Eimer in gefülltem Zustand aufgestellt wurde, war er immer einsatzbereit.

Der Feuereimer, Brandeimer oder Löscheimer hat das Feuerlöschwesen von den Anfängen bis heute begleitet. Er war auf jedem Rüstwagen des Motorzeitalters zu finden und hängt auch heute noch an Brandgerätetafeln z. B. auf Campingplätzen. Oft hat – auch in der jetzigen Zeit – ein Wasserguß aus ihm Schlimmes verhindert. Kein Wunder, daß auch der Schutzpatron der Brandbekämpfer, Sankt Florian, in den Darstellungen mit einem eimerartigen Kübel ein Feuer auslöscht.

Röhren, Brunnen und Zisternen: Löschwasserversorgung in alter Zeit

Wenn man ans Löschen denkt, denkt man an Wasser. Abgesehen von seiner Lebensnotwendigkeit, würde das Löschwesen ohne Wasser nicht möglich sein. Zugegeben, man kann auch mit anderen Mitteln ein Feuer löschen. Wasser ist aber immer noch das am meisten, am schnellsten vorhandene und in vielen Fällen das wirkungsvollste Löschmittel. Von der Löschwasserversorgung am Anfang der Zivilisation und der Zeit der Antike ist wenig bekannt. Wurden die uns immer wieder in Erstaunen versetzende Wasserversorgungssysteme überhaupt für die Brandbekämpfung genutzt?

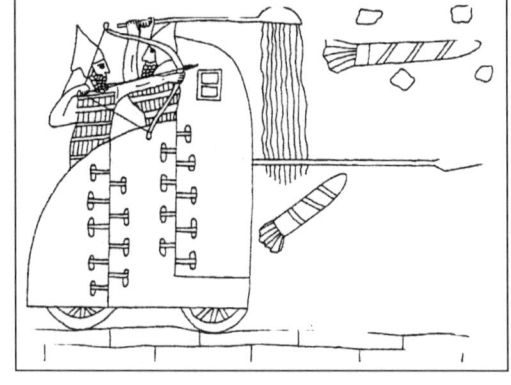

Die älteste Darstellung der Brandbekämpfung.

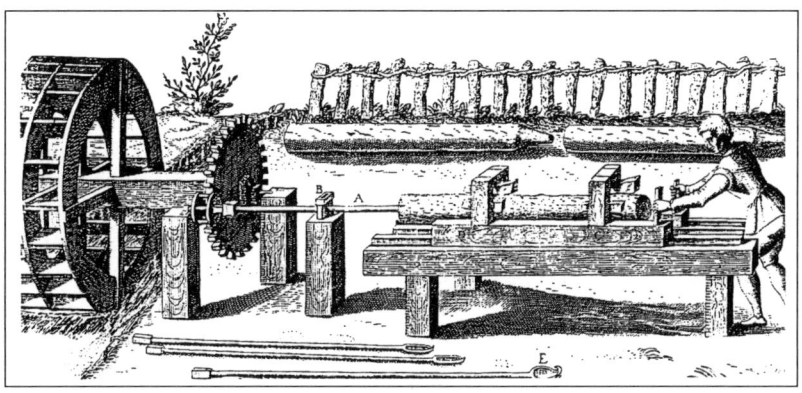

Herstellung von Holzrohrleitungen (1615). Oben ist die Steckverbindung der Röhren nach Trichterart zu erkennen.

Die Altertumsforscher berichten uns über die Wasserversorgung der Hauptstadt des Neuassyrischen Reiches, Ninive, einer der ältesten Städte der Welt im 8. Jh. v. Chr. Rund 55 km lang war ein dortiger Kanal, welcher sogar einen Fluß überbrückte. Über König Salomon von Israel, 965–925 v. Chr., welcher die Wasserversorgung der Stadt Jerusalem mit Bergquellwasser durch steinerne Röhren sicherte. Über Nebukadnezar von Babylon, 580 v. Chr., der veranlaßte, daß der Stadt über Keramikleitungen das notwendige Wasser zugeführt wurde. Und dann die ingenieurtechnischen Meisterleistungen der Römer (4. Jh. v. Chr.) die mit ihren Aquäduktbauten, die bis ins 19. Jh. nicht ihres gleichen fanden, noch heute Bewunderung abverlangen. Ob diese hervorragenden Möglichkeiten auch für die Brandbekämpfung genutzt wurden? Wenig ist bekannt. Es ist allerdings schwer vorstellbar, daß ein Kulturvolk, wie die Römer, dieses Potential nicht genutzt hat. Brände gab es im alten Rom genug.

Wenn man sich vorstellt, wie ein römischer Vigiles (Feuerwehrmann) im Rücken eines dieser mächtigen Aquädukte mit dem Eimer löscht, so mutet das schon sonderbar an. Aber der Feuerwehrschlauch war eben noch nicht erfunden. Die älteste bildliche Überlieferung des Löschmittels Wasser, befindet sich auf einem Alabasterrelief aus einem Palast aus Ninive. Assyrische Soldaten löschen mit großen Schöpfern, ihre mit Brandfackeln bedrohten Kriegswagen (850 v. Chr.). Wenn diese Deutung stimmt, so dürften diese Krieger die ersten sein, welche ihr Löschwasser mitführten, und wären somit der Zeit um Jahrhunderte voraus gewesen. Woher sie aber ihr Wasser nahmen, ist nicht bekannt. Angesichts der steinernen Wasserleitungen der Antike, waren die Holzrohrleitungen, welche seit dem Jahr 1000 bekannt sind, ein Rückschritt. Von Wasserrädern angetrieben, förderten Schöpf- und Kolbenpumpwerke das Wasser aus Flüssen in erhöhte Einrichtungen (Wasserkünste) von wo es aufgrund des Höhenunterschiedes in der sogenannten Röhrenfahrt den Brunnen und Röhrkästen der mittelalterlichen Stadt zulief. Die Holzrohre wurden am Anfang in der Halbierungstechnik hergestellt. Wegen der aus dem Verfahren resultierenden Undichte der Leitungen kam man wieder davon ab, und man bohrte die Holzstämme mit dem Deuchelbohrer im Kern aus. In einer Art Trichterverbund wurden sie ineinander gesteckt und ergaben so eine Leitung. Auch heute noch werden solche Relikte der Vergangenheit ausgegraben.

Die Wasserentnahme aus einer solchen Holzleitung im Brandfalle löste man oft auf pragmatische Art. Im Bedarfsfall schlug man die Leitung einfach mit der Axt auf und staute das auslaufende Wasser in der Straße an, von wo es mit Eimern aufgenommen werden konnte (bekannt aus London 1582). Natürlich wurden auch Teiche, Flüsse, Bäche, Zisternen oder Stadtgräben als Wasserentnahmestelle genutzt. In manchen Kommunen war die Stelle sogar schon vorgeschrieben, an welcher die Sturmfässer gefüllt wurden. Auch die Straßenführung war festgesetzt, auf welcher die vollen Fässer hin zur Brandstelle und die leeren zurück zur Entnahmestelle gebracht wurden (z.B. Feuerordnung Querfurt 1827). Ein gegenseitiges Behindern war somit ausgeschlossen. Auf

Ein römisches Aquädukt in Caesarea (Israel). Die Bruchstelle gewährt den Blick in den Wasserkanal.

Anhöhen liegende Burg- und Schloßbauten waren oft bei Bränden auf den dürftigen Inhalt ihrer Zisternen angewiesen, sofern sie keine Brunnenanlage besaßen. Aber auch dann dürfte durch das mühselige und zeitaufwendige Wasserfördern der Effekt gleich Null gewesen sein. 1569 sorgte für die Stadt Leipzig ein Holzröhrensystem von der Quelle des Marienborn und den Wasserläufen der Stadt für Löschwasser. Zu allen diesen Entnahmestellen und Privatbrunnen war im Kommunalgesetzen geregelt, daß der Löschmannschaft freier Zugang zu gewähren war. 1781 heißt es in Karlsruhe: „Beim Brand soll die Schließe [Stauwehr] des Landgrabens fallen gelassen werden und das Wasser zu schwöllen [stauen]."

Sturmfaß und zwei Holzrohrleitungen (Feuerwehrmuseum Grethen).

Der Wasserturm Nord in Halle/S.

Ebenfalls waren die Müller verpflichtet, bei Feuer ihre Mühlbäche (Wehre) anzustauen. Städtischen Aufsichtspersonen wie Nachtwächter, Polizei und natürlich dem Brunnenmeister der Stadt oblag die ständige Kontrolle all dieser Entnahmestellen. Wie lange obengenannte Holzrohre in Gebrauch waren, ist aus Dresden bekannt. Erst 1841 wurden dort gebohrte Sandsteinwasserrohre eingeführt. Die Stadt Halle entnahm ihr Löschwasser im Mittelalter und noch lange Zeit danach aus den vier Salinebrunnen. Die Sole zeigte besonders gute Löschwirkung. Deshalb standen im ganzen Stadtgebiet verteilt, nicht mit Saalewasser, sondern mit Solewasser gefüllte Löschfässer. Der konservierenden Eigenschaft des Salzes ist es zu verdanken, daß eine hölzerne Soleleitung, Teil einer Röhrenfahrt, vor wenigen Jahren in gutem Zustand ausgegraben wurde. Sie ist heute im Salinemuseum Halle zu besichtigen. Noch 1935 wurden nach Angaben der Feuerlöschpolizei Halle drei Solebehälter mit 500 m^3 Solewasser in der Mansfelder Straße für Feuerlöschzwecke genutzt.

Wahrscheinlich von Nürnberg ausgehend, kamen im 17. Jh. gegossene und mit Zinn verlötete Bleirohre auf. Später kamen Eisenrohre in Gebrauch, welche die Montage von Hydranten wesentlich vereinfachten. Aus London stammt die erste Abbildung eines Straßenhydranten für Feuerlöschzwecke (1762). Mit der späteren Entwicklung von Über- und Unterflurhydranten auf Wasserleitungen mit Verästelungs- und Umlaufsystem und mit speziell für Feuerlöschzwecke konzipierten Feuerlöschleitungen mit Elektropumpen als Druckmittel, wurde der Feuerwehr endlich eine stabile Löschwasserversorgung garantiert.

Der Erfinder der Feuerspritze – Heron von Alexandrien

Das Feuerlöschwesen wurde durch zwei Dinge erst möglich, durch die Druck-schläuche und die Wasserpumpe. Wenn wir heute ganz selbstverständlich von Feuerlöschpumpen sprechen, so ist es auch einmal angebracht uns die Anfänge, sozusagen die Urpumpe vor Augen zu führen.

Als Erfinder der Wasserpumpe gilt, und damit begeben wir uns in die Antike, der griechische Mechaniker Ktesibios v. Alexandrien 250 v. Chr. Seine Pum-pe bestand aus Bronze. Es war eine Zwei-Zylinder-Kolbenpumpe, schon mit Saug- und Druckventilen ausgestattet. Der Schriftsteller Vitruvius beschreibt

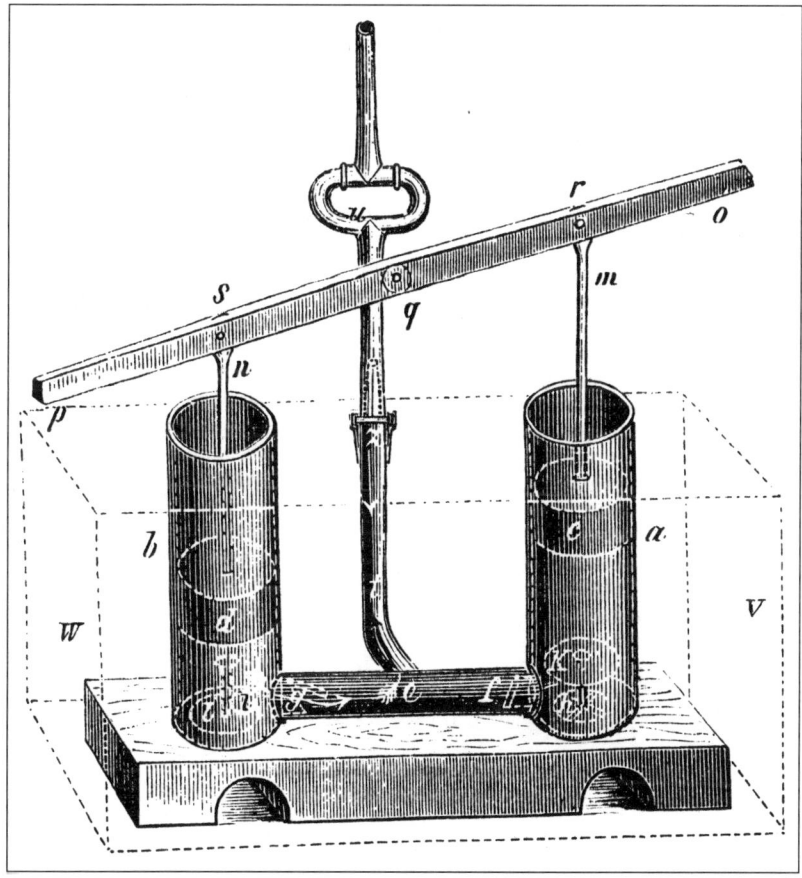

Zeichnung der ersten Feuerspritze (nach Heron von Alexandrien).

83

diese Pumpe später als: „Maschine, die das Wasser in die Höhe treibt." Aber erst der Schüler von Ktesibios, der Techniker Heron von Alexandrien, entwickelte diese Pumpe zur Feuerspritze. In seinem Buche „Versuche mit Luft" beschreibt er sie unter dem Namen Sipho.

Durch ein oben aufgesetztes mit beiden Zylindern verbundenes Wenderohr war es nun möglich, mit Druck einen gezielten Wasserstrahl in verschiedene Richtungen zu werfen. Möglicherweise war diese erste Spritze schon mit einem Windkessel ausgestattet, was schon deshalb nicht verwunderlich wäre, da ja Heron der Erfinder des nach ihm benannten „Heronsballs" ist. Mit allen für die Förderung von Druckwasser erforderlichen Teilen wie Kolben und Zylinder, Ventilmechanik, Druckgestänge und Auswurfsrohr, ist diese antike Pumpe das Grundprinzip der Handdruckspritze der darauffolgenden Jahrhunderte.

Durch die Wirren der Zeit geriet aber diese wichtige Erfindung in Vergessenheit. Erst die Wiedererfindung der Feuerspritze im Jahre 1518 durch den Augsburger Goldschmied Anton Platner, belegt durch alte Rechnungsbücher der Stadt, machte die Spritze als erste deutsche Feuerspritze bekannt.

Bisher ist nicht absolut erwiesen, ob diese Erfindung dem Geiste Platners entsprungen ist, oder die Konstruktion von Heron einfach abgeschaut wurde. Platner war nämlich mit dem Altertumsforscher Peutinger sehr eng befreundet und konnte sich auf diesem Wege natürlich Zugang zu antiken Schriften beschaffen. Weiterhin ist unbekannt, ob diese Spritze, die der Augsburger Stadtrat bei Platner bestellt hatte, auch geliefert wurde.

Der Helm des Feuerwehrmannes: Kopfschutz und Zeitspiegel

Wenn man sich an das Thema Feuerwehrhelme heranwagt und noch dazu in dem begrenzten Raum, so kann man das nur in der hauptsächlichsten Entwicklung tun (Deutschland). Auf die Vielfalt regionaler Eigenarten kann hier nicht eingegangen werden. Die Feuerwehr hat sich im Laufe ihrer Entwicklung schon immer am Militär orientiert. Sei es bei der Befehlsgebung, der Organisation, der Bekleidung und bei der Schutzfunktion des Helmes. Es wird angenommen, daß die erste bekannte Brandbekämpfungstruppe der Welt, die Cohortes Vigilum im römischen Imperium (6. n. Chr.) mit Legionärshelmen ausgerüstet waren.

Was bei Kampfhandlungen gegen Schwerthiebe und Lanzenstiche gut war, konnte bei der Brandbekämpfung gegen herabstürzende Gegenstände und Feuer nicht schlecht sein. Mit dem Niedergang des Römischen Reiches geriet, angefangen von den Mitteln zur Brandbekämpfung bis hin zur Bekleidung, vieles in Vergessenheit.

Böhmische Feuerwehrhelme mit dem typischen Helmkamm.

In der Zeit der großen Stadtbrände im Mittelalter hatte man aber erkannt, daß die Bekleidung des Handwerkers wie Lederschürze, derber Leinwandkittel, Stiefel, breitkrempige Hüte und Kappen aus Leder und starkem Filz bei der Brandbekämpfung geeigneter waren, als das Habit des Bürgers. So rüsteten einzelne Stadtkommunen ihre Löschmänner und Feuerknechte mit Wachstuchkappen und Filzzylindern aus (Wien 1785). Alles das waren aber Einzelfälle, denn in der Regel trat der Löschmann ungeschützten Hauptes dem Feuer entgegen. Erst als das Loschwesen einen wesentlich breiteren Stellenwert einnahm, bekamen die Einsatzkräfte entsprechende Bekleidung. So tragen die Sapeur Pompiers in Frankreich 1750 eine Brandkappe aus Leder mit Messingschild. Ab 1786 kommt dann ein Ganzmetallhelm mit Kamm zum Einsatz.

In den Gründerjahren der deutschen Feuerwehren in der ersten Hälfte des 19. Jahrhunderts, stand das Helmproblem ebenfalls zur Disposition. Wenn man einmal von der Meißener Gründung (1841 erste freiwillige Feuerwehr Deutschlands) absieht, so entstanden die Mehrzahl der frühen Feuerwehren im süddeutschen Raum. Was lag bei diesen Feuerwehren näher, als der Blick nach Frankreich, und so führte man nach dortigem Vorbild den Messinghelm mit Kamm ein. Der Helm mit Kamm, auf den noch eingegangen wird, wurde höchstwahrscheinlich dem ausgemusterten französischen Kürassierhelm entlehnt.

In Norddeutschland, Preußen und Sachsen, wurde dem Lederhelm der Vorzug gegeben. Als gebrauchter Militärhelm war er leicht zu beschaffen und konnte ohne großen Aufwand für Feuerwehrbelange umdekoriert werden. Der Bedarf an solchen gebrauchten Helmen war groß. Die damalige Firma Lieb verkaufte zum Beispiel 26.000 Stück an die Feuerwehren. Um die verhältnismäßige geringe Stabilität des Lederhelms auszugleichen, wurde der aus Metall bestehende Helmkamm auf dem Helmkörper befestigt. Dieser Helmkamm wurde im Lauf der Zeit das Symbol des Feuerwehrhelms allgemein. Und das nicht nur in Deutschland. Obwohl er heute keine Schutzfunktion mehr besitzt, wird er von der Berliner Berufsfeuerwehr noch getragen. Auch auf dem modernen Drägerhelm weist er in angedeuteter Form auf seine Symbolik hin. Die sächsischen Feuerwehrhelme der damaligen Zeit besaßen einen Kamm aus Leder, was die Festigkeit gegenüber den metallenen in keiner Weise in Frage stellte. Der Lederhelm überhaupt war sehr lange im Einsatz. Die Meinung über seinen geringen Gebrauchswert widerlegt eine der meistgeforderten Feuerwehrtruppen der Welt, die Männer des New Yorker Fire Departements. Ihr Lederhelm mit verstärkter Rippenstruktur und rechtwinklig angesetztem Nackenschutz, macht ihn auch heute noch zu einem bewährten Schutzmittel.

Der erste Feuerwehrhelm in Deutschland aus Leder, der kein gebrauchter Militärhelm war, und für die Belange der Feuerwehr konzipiert wurde, war die Berliner Feuerkappe. Schon 1848 angeschafft, wurde sie 1851 mit der Gründung der Berliner Berufsfeuerwehr eingeführt. Die Zweckmäßigkeit ihrer Ausführung, wie metallene Kreuzverstärkung im Inneren, großer Vorderschirm, langes Nackenleder, gut angepaßte Kopfform und Polsterung, machte die Feuerkappe zu einem der am meisten getragenen Kopfschützer der Feuerwehr in Deutschland. Daß sie bis 1935 in Gebrauch war, ist der Beweis ihrer Wertschätzung. Weitere typische Lederhelme waren hauptsächlich die sogenannte Bayrische, Sächsische und Preußische Form.

Ab 1915 wurden aufgrund der Lederknappheit Stahlblechhelme hergestellt, und zwar in der Ausführung des alten Lederhelms. Die Qualität dieser Helme ließ aber auf Grund der wirtschaftlichen Schwierigkeiten dieser Zeit sehr zu wünschen übrig. Verformungen wegen des oft zu dünnen Blechs kamen häufig vor.

Die fortschreitenden Erkenntnisse um die Zweckmäßigkeit eines geeigneten Kopfschutzes, welche sich auch für die Feuerwehr auszahlen sollten, stammen aus den Grabenkämpfen des Ersten Weltkrieges. Hier verlor der Lederhelm gegen Kugeln und Splitter seinen Schutzwert vollständig. Nach Vorlagen von Prof. Bier und Schwerd wurde 1916 der in seinen Maßen große Stahlschutzhelm hergestellt und an die Front geliefert. Er stellte im wesentlichen die Grundform des späteren Wehrmachtshelms dar, welcher in modifizierter Art auch für die Feuerwehr produziert wurde. Auch der Helmkamm kam nach einem Erlaß von 1934 auf ihm wieder zu Ehren, obwohl er hier keinerlei Schutzfunktion mehr besaß. Während des 2. Weltkrieges wurde der Kamm wegen

Angebot von Lederhelmen der Firma Schöne, Dresden.

der Materialschwierigkeiten zugunsten der Rüstungsindustrie (Neusilber, Aluminium) wieder verboten und mußte entfernt werden. Die entstandenen Löcher wurden mit Ovalnieten verschlossen.

Nach 1945, egal ob in Ost- oder Westdeutschland, wurde bei der Feuerwehr getragen was noch übrig war, und Helme gab es reichlich. Luftschutzhelme, Helme der Feuerschutzpolizei und Wehrmachtshelme. Durch überstreichen wurden diese Helme „entnazifiziert". Man findet sie heute noch als Relikte dieser Zeit in den Spritzenhäusern. Durch Normung wurde nun endlich, ebenfalls in Ost und West, Ordnung in diese Vielfalt gebracht. Die DDR versuchte über den glasfaserverstärkten Polyesterhelm nach TGL 121-940 und den 1983 gelieferten verchromten Plastelhelm, mit und ohne Visier, annehmbare Feuerwehrhelme zu produzieren. Als eine einmalige Entgleisung dürfte der Ende der siebziger Jahre an die freiwilligen Feuerwehren gelieferte Arbeitsschutzhelm mit Nackenleder angesehen werden.

In der Bundesrepublik wurde der nach DIN 14940 hergestellte Helm im Zeitraum 1960–1970 an die Wehren geliefert. Im Zuge der immer größer werdenden Anforderungen an den Feuerwehrmann und sein Schutzbedürfnis, versuchen renommierte Firmen wie Auer, Dräger, Porsche und Total, den „Helm der Helme" zu entwickeln.

Der zur jetzigen Zeit getragene Feuerwehrschutzhelm von Dräger, mit integrierten Spritz- und Hitzeschutzvisier und mit exzentergehaltener Schutzmaske, bietet in seiner umfassenden Form einen optimalen Kopfschutz. Allerdings ist die Beweglichkeit des Kopfes etwas eingeschränkt. Auch bei frontal auftreffenden Hitzewellen oder Wasserdampf (Gesichtsbereich) ist der Wärmestau im Innern des Helmes unangenehm festzustellen. Der Entwicklung auf diesem Gebiet bleibt es vorbehalten, ob es einmal etwas noch besseres gibt. So war und ist der Feuerwehrhelm immer ein Zeitbild der jeweils politischen Epoche und des technischen Fortschritts.

Ziegel kontra Feurio: Feuersicheres Bauen im Spätmittelalter

Wenn man in Büchern über den Zustand mittel- und spätmittelalterlicher Städte liest, so hat man immer den Eindruck, daß für den Brandschutz so gut wie nichts getan wurde. Die vielen Stadtbrände dieser Zeit scheinen diesen Eindruck zu bestätigen. Doch dieser Eindruck ist nur zum Teil richtig.

Die Frage etwa, ob es die Bemühungen um feuersicheres Bauen überhaupt gab, muß mit einem eindeutigen Ja beantwortet werden. Doch die Bemühungen waren die eine, die Ausführung von Verbesserungen die andere Seite. In zahlreichen Abhandlungen über diese Zeit wird immer wieder kritisiert,

daß beim Wiederaufbau durch Brand zerstörter Häuser die gleichen Fehler gemacht wurden. Nämlich in der Verwendung derselben feuergefährlichen Baustoffe, wie vor dem Brand (Holz, Stroh, Schilf, Schindeln). Grund dafür war der soziale Status der meisten Bewohner mittelalterlicher Städte. 50 bis 60 % der Bevölkerung gehörten der unteren Schicht an, welche nicht in der Lage war, massive Häuser mit Ziegeldeckung zu bauen. Die hohen Kosten der Steine und Dachziegel übertrafen ihre finanziellen Möglichkeiten bei weitem.

Mittelalterliche Geschäftsgasse. Die enge Bauweise begünstigte das Übergreifen von Bränden (um 1400).

Natürlich hatte jeder erkannt, daß die Hauptursache der Brandausbreitung die sogenannte weiche Dachdeckung war: Stroh, Schilf, Bretter usw. Hier fand das Flugfeuer durch die Konvektion immer und reichlich Nahrung. Ziegel und Ziegelsteine besaßen aber um diese Zeit einen so großen Wert, daß sie unter den Begüterten als teure Geschenke gehandhabt wurden. (1426 Geschenk der Stadt Braunschweig an den Bischof von Halberstadt). Die manchmal vertretene Ansicht, daß ein Ziegeldach außerdem für den damals üblichen Ständer- und Riegelbau zu schwer war, ist zu bezweifeln. Schon deshalb, weil die Dachlast auf die Ständer vertikal wirkt. Wenn der Massivbau fast immer im Zusammenhang mit der Ziegeldeckung genannt wird, so doch nur deshalb, weil es keinem Bauherrn aus naheliegenden Gründen eingefallen wäre, auf ein Steinhaus ein Strohdach zu setzen. Da man die Ursachen der Feuerausbreitung schon zeitig erkannt hatte, gab es deshalb in den deutschen Städten des ausgehenden 13. Jahrhunderts die ersten baupolizeilichen Maßnahmen. Verbote gegen das Auskragen der Obergeschosse wurden erlassen. Gleiches bezog sich auf die Erker und Außentreppen. Die Straßen waren deshalb sehr eng geworden und der Tageslichteinfall gering. Stadtangestellte mit quergehaltener Lanze prüften die Mindestabstände. Häufig kam es dabei zu empfindlichen Sanktionen. Das Spätmittelalter wartet mit ganz speziellen Vorschriften auf:

1. Errichtung von Feuermauern und Zinnen zum Schutz der Häuser und Dächer untereinander.
2. Verlegung feuergefährlicher Werkstätten an oder vor die Stadtmauer.
3. Kehrvorschrift für Schornsteine.
4. Fördermaßnahmen für Massivbau mit Ziegeldeckung.
5. Maßnahmen der Brandbekämpfung durch das Handwerk.

Nachts mußte jegliches Feuer gelöscht sein (Haus und Werkstätten). Feuergefährliche Arbeiten bei Kerzenlicht waren verboten, ebenso die Lagerung von Brennholz auf der Straße usw. Eine außerordentliche Rolle spielte die Schornsteinreinigung, die eine neue Berufsgruppe hatte entstehen lassen. Der Holzschornstein mußte allmählich dem Gemauerten weichen, welcher aufgrund der größeren Sicherheit oftmals als Grundlage der Mietberechnung galt. In Köln wurde 1487 von einem Haus mit einem Schornstein 7 Gulden, von einem Haus mit zwei Schornsteinen 12 Gulden Jahresmiete vom Mieter abverlangt. Kam jemand der Kehrpflicht nicht nach, erhoben die Kommunen Strafen. (Hamburg 1455 mit drei Pfund Pfennig und mehr). Besonderen Wert legte man darauf, den Schornstein übers Dach abzuführen, sowie auf den Bau von Schildmauern oder Vorschußwänden zum Schutz des dahinter liegenden Daches. Aus der Stadt Nürnberg im 14. Jh. ist eine Satzung überliefert, welche die Bauhöhe eines Neubaus aus Stein aus 50 Schuh (15,5 m) beschränkte. Ein Holzhaus durfte nur 40 Schuh (12,5 m) hoch sein. Da-

Zeitgenössische Darstellung einer Baustelle. Langsam setzte sich die Steinbauweise durch (um 1499).

mit wollte man den Lichteinfall in die Gassen gewähren und die Stockwerke im Brandfall mit der Anstelleiter erreichbar machen.

Alle diese Bemühungen blieben aber Stückwerk, weil den Stadtbewohnern die Mittel fehlten. Um aber den Massivbau zu forcieren und anzuregen, gab es in vielen Städten Unterstützung in Form von Geld, Material und Steuerfreiheit. (München 1346, Erfurt 1427). Wer in Utrecht 1402 sein Strohdach selbst abriß, bekam kostenlos Steinziegel geliefert. Aus der Steiermark ist aus dem Jahre 1363 bekannt, daß bei der Verwendung von Dachziegeln Steuerfreiheit für sechs Jahre ausgesprochen wurde. Trotz alledem blieb das Steinhaus mit harter Deckung die Ausnahme und war Statussymbol reicher Bürger. Und so blieb auch wider aller Erkenntnisse die Brandgefahr bestehen. Auf jeden Fall dokumentiert sich in allen diesen Handlungsweisen das Bemühen der Bürgerschaft, einen haltlosen Zustand zu ändern. Manche dieser Maßnahmen tragen geradezu modernen Charakter (Kostenerlaß, Steuerfreiheit), welche man im „finsteren" Mittelalter gar nicht vermutet.

Die Glocke: ein Zeuge der Geschichte

Glocken werden vielfältig verwendet, es gab und gibt Hochzeitsglocken, Abendglocken, Ratsglocken, Gerichtsglocken, Armesünderglocken, Bürgerglocken, Freiheitsglocken, Kriegsglocken, Totenglocken und ... Feuerglocken. Wie die letzte Bezeichnung verrät, spielte die Glocke auch im Feuerlöschwesen eine nicht unwesentliche Rolle.

Gern hören wir die Glocken zum Jahreswechsel, die Glocke der Kirche Wang im Riesengebirge oder die Gloriosa des Erfurter Doms usw. Sie läuten ein friedliches neues Jahr ein. Seit Generationen hören die Menschen auf sie. In froher Erwartung, bei Verkündigung von Ereignissen, in mahnenden Gedenken im Abschied vom Irdischen.

Jeder der noch Schillers „Lied von der Glocke" lernte und darüber nachdachte, kann sich der Faszination um das Wesen der Glocke nicht entziehen. Dabei ist sie bei weitem nicht das Kirchensymbol, nur weil sie in der Mehrzahl auf Kirchtürmen zu finden ist.

Auch auf weltlichen Gebäuden hat die Glocke ihre Berechtigung. Die Glocke ist ein Stück Landes-, Lokal- und deshalb Menschheitsgeschichte.

Sie war in früherer Zeit der Verkünder allgemein (In beschränkter Form ist sie es heute noch). Daraus ergab sich auch der großen Stellenwert der Glocken, der sich vielfach in Sprüchen, die auf den Glocken aufgebracht wurden, niederschlug. „Lebende ruf ich, Tote beklag ich, Blitze brech ich", so das Motto auf einer Glocke. In der Zeit des 12. Jahrhunderts wurden die ersten dieser Sprüche in den Mantel der Glocken geritzt. Das setzte sich mit Ausgang des 13. Jahrhunderts mit gotischen Majuskeln (Großen Lettern) in lateinischer Sprache fort. Im 14. Jahrhundert kamen Weihesprüche auf Glocken auch in deutschen Dialekten vor. Die Weihesprüche im 15. Jahrhundert werden wiederum in gotischen Minuskeln (Kleinschreibung aller Buchstaben) auf Glocken geschrieben.

Im 17. Jahrhundert wurde mit dieser Tradition gebrochen und der Glocken-

Glockengießer beim Entfernen der Gußform (um 1600).

gießer selbst bestimmte, unter Berücksichtigung der sakraler Vorgabe, die Ausstattung der Glocke. Das Selbstbewußtsein seines Handwerks kommt auf ihnen zum Ausdruck. So ist auf vielen Glocken dieser Zeit zu lesen, welcher Glockengießer sie herstellte.

Aber auch noch anderes ist für auf den Spruchbändern der Glocken zu lesen. Manche Feuersbrunst, welche in der Stadt gewütet hatte, ist auf den Glocken auf Jahr, Monat und Tag nachweisbar. Vor allen Dingen dann, wenn die Glocke selbst dabei beschädigt wurde. So wurde die Glocke, oft einziger Verkünder von Feuersbrünsten, auch häufig Opfer derselben. In sogenannten Fürbittinschriften auf Spruchbändern von Glocken, ist die große Angst der Menschen vor Feuer in damaliger Zeit festzustellen. So steht zum Beispiel auf einer von Jakob Neuwert zu Berlin im Jahre 1659 gegossenen Glocke in Krossen an der Dahme:

    „Behüthinfüro lieber Gott,
    Vor bösen Krieg und Feuersnot
    Allhier die Kirch und diesen Ort."

Von demselben Glockengießer wurde eine 1642 durch Brand zerstörte Glocke umgegossen. Sie enthält neben oben angeführten Spruch noch diese Zusatzinschrift: „Anno 1642 ist diese Glocke am grünen Donnerstage, bei großer Feuersbrunst aufgegangen und zerschmolzen. Durch Gottes Hilfe anno 1659 wieder umgegossen und erneuert ..."

Auf einer Glocke in Drössigk bei Finsterwalde ist zu lesen:

> „Mich hat zum andren Male
> behend mit Ungeheuer
> Zugleich mit diesem Turm
> verzehret Brand und Feuer.
> Nun bin ich wieder neu,
> man höret meinen Schall.
> Gott wende Feuer ab,
> bei uns und überall."

Als Alarmierungsmittel spielte die Glocke im Mittelalter und Zeiten danach eine wichtige Rolle. Wie hätte man sonst auch ein Feuer in dieser Zeit so lautstark bekannt machen können?

Alarmglocke einer Handdruckspritze (Historisches Kabinett Ammendorf).

„Hört ihr's wimmern hoch vom Turm, das ist Sturm", liest man in Schillers „Glocke". Dieses Wimmern, das den nachschwingenden Ton, die Resonanz der Glocke, bezeichnen will, versetzte den Menschen immer wieder in Angst und Schrecken. Das Wort „Feuerglocke" war damals ein Angstbegriff sondergleichen. So wurde die Glocke als Verkünder von Ereignissen wie Feindbedrohung, Krieg, Pest, Feuer usw. im Ursprung klerikalen Belangen dienend, aus der Notwendigkeit heraus zum weltlichen Gebrauchsmittel.

Den Charakter eines Signalinstruments verlor die Glocke, wenn auch in weit kleinerer Form, im Feuerlöschwesen eigentlich nie. Sie war auf den Handdruckspritzen genauso anzutreffen, wie auf den Motorfahrzeugen der Neuzeit. Und auf den Feuerwachen rufen noch heute elektrisch betriebene Glocken den Wehrmann zum Einsatz.

„Gut Schlauch": Markante Stationen bei der Entstehung des Feuerwehrschlauches

Jeder Feuerwehrmann kennt die Losung „Gut Wehr". In manchen Regionen Deutschlands ist aber auch der Ausspruch „Gut Schlauch" üblich. Er wird zu den mannigfaltigsten Begebenheiten gebraucht. Wo und wofür angewendet, drückt dieser Ausspruch eigentlich immer nur eins aus, die Wertschätzung des Feuerwehrschlauches. Der Feuerwehrschlauch war und ist es immer noch des Brandbekämpfers wichtigstes Mittel im Kampf gegen das Feuer. Der Ausspruch „Gut Schlauch" steht auch gleichzeitig für dessen sorgfältige Behandlung. Abgesehen davon, daß gute Schläuche einen störungsfreien Löschangriff bedeuten, waren sie immer eine Wertanschaffung einer Wehr und darüber hinaus der Kommune.

In älteren Bilanz- und Revisionsberichten werden Feuerwehrschläuche bei Aufzählungen der Gerätschaften einer Wehr meistens besonders genannt, oftmals in ihrer Gesamtmeterzahl. Man drückte damit gewollt den Reichtum einer Wehr aus, denn die Anschaffungskosten haben die Gemeindekasse mehrfach erleichtert. Prof. Kellerbauer, seit 1880 Chef der Chemnitzer Turnerfeuerwehr, brachte es schon damals auf den Punkt, als er schrieb, daß erst durch den Feuerwehrschlauch das moderne Feuerlöschwesen möglich wurde.

Wenn man einen Blick in die Vergangenheit wirft, so stößt man schon sehr früh auf die Bemühungen des Menschen, Wasser in Leitungsgebilden transportierbar zu machen. So erwähnt im Jahre 350 v. Chr. Aristoteles in seinem Buch „Mechanische Probleme" eine Art Schlauch, den er als Elefantenrüssel bezeichnet. Apollodores von Damaskus schlägt in seiner Abhandlung über Belagerungstechnik vor, Löschwasser in Ochsendärmen an brennende Befestigungen heranzuführen (120 v. Chr.). Auch mit der Erfindung der Feuerspritze im Jahr 110 v. Chr. durch Heron von Alexandrien ist, von der Eimerkette abgesehen, noch lange nicht der Transport des Löschwassers gelöst. Erst durch die revolutionäre Erfindung des Druckschlauches durch den Amsterdamer Maler Jan van der Heyde im Jahre 1672, eine der wichtigsten im Feuerlöschwesen, konnte dieser Zustand geändert werden.

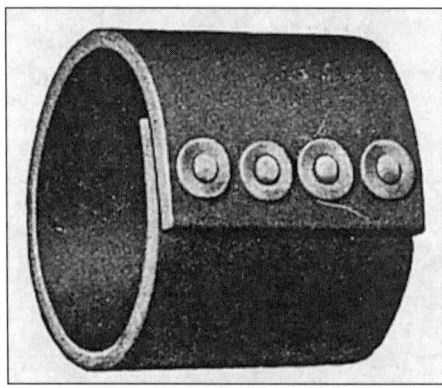

Mit Kupfernieten versehener Lederschlauch.

Jan van der Heyde (1672).

Darstellung der Anwendungsmöglichkeiten der Druckschläuche von Jan van der Heyde (1690).

Das Spritzen von der Straße aus, das auch noch die mittelalterlichen Handdruckspritzen mit Wenderohr praktizierten, entfiel. Die Schläuche ermöglichten sofort das direkte Bekämpfen des Brandherdes, und somit war der Innenangriff geboren. Van der Heyde stellte die Schläuche zuerst aus Segeltuch her. Da diese aber nur geringen Druck aushielten, verwendete er daraufhin Leder.

Die allgemeine Verbreitung der Schläuche dauerte aber ihre Zeit, da die Herstellung nicht überall publik wurde. Um 1719 fertigte der Posamentierer Christoph Beck in Leipzig gewebte Hanfschläuche. Nicht bekannt ist, ob er das Verfahren auch erfunden hat. Jakob Leupold berichtet 1720 in seinem Buch „Neue Nachrichten von Feuer-Rohr und Schlangenspritzen" über die Lederschlauchherstellung und stellt 1724 in seinem Werk „Schauplatz der Wasserkünste" eine Kolbenpumpe mit biegsamem Saugschlauch vor. Die genähten Lederschläuche wurden 1809 durch die von Hof- und Kupferschmied Pflug zu Jena hergestellten genieteten Lederschläuche verdrängt (Kupfernieten). Der Siegeszug des Hanfschlauches war aber dadurch nicht aufzuhalten. Der hohe Pflegeaufwand, die Kosten und die geringe Flexibilität setzten dem Lederschlauch ein Ende.

Nahtlos gewebte Schläuche aus Hanf stellten im Jahr 1822 auf ihren Handwebstühlen die Gebrüder Burbach, Hörselgau her. Das Gummierungsverfahren, eine Erfindung des Schornsteinfegermeisters Benzinger aus Hannover, stammt aus dem Jahr 1836. Die gute Verarbeitungsfähigkeit der Naturfaser Hanf gab den Ausschlag, daß sich diese Schläuche, als ungummierte oder rohe Schläuche bekannt, schnell durchsetzten. Diese Schläuche hatten allerdings den Nachteil, daß sie aufgrund des in der Faser enthaltenen Leimes Pektin bei Gebrauch erst anquellen mußten, um dicht zu werden, und das konnte eine ganze Weile dauern. Weitere Nachteile waren, daß sie beim Trocknen steif und brüchig wurden. Der

Erste Abbildung von Druckschläuchen des Jan van der Heyde von 1690.

Rundwebstuhl für Feuerwehrschläuche, eine Erfindung des Amerikaners Royle im Jahr 1906, beschleunigte und vereinfachte das Herstellungsverfahren. Die Firma Moeschler in Meerane (Sachsen) stellte Schläuche dieser Art im 2. Weltkrieg her. Ab 1950 wurden in Deutschland durch die Schlauchweberei Franz Parsch Schläuche im Rundwebverfahren gefertigt.

In heutiger Zeit werden Druckschläuche in der Bundesrepublik aus Chemiefasern hergestellt. Diese Polyesterschläuche haben sich durch ihre vielen Vorteile, wie geringe Feuchtigkeitsaufnahme, Verrottungsbeständigkeit, hohe Zugfestigkeit, geringes Gewicht, kurze Trockenzeit, geringe Chemikalienempfindlichkeit, kleineres Volumen usw. bei der Brandbekämpfung bestens bewährt. Die heute nach Normvorschrift DIN 14811 hergestellten Schläuche entsprechen in Aufbau, Gummierung, Gewebe und Außenbeschichtung den höchsten Ansprüchen. Mit einem Prüfdruck von 25 bar, Platzdruck 50 bar, sind sie in der Hand des Feuerwehrmannes ein sicheres Mittel im Kampf gegen den „roten Hahn".

„Schlauchrohr vor"

Etwas über Strahlrohre zu schreiben, mag zunächst etwas simpel erscheinen. Was gibt es da schon zu erklären, man nimmt das Rohr in die Hand und spritzt.

Nun, das ist wohl richtig und das kann auch jeder. Ein Feuer damit ausmachen ist aber eine ganz andere Sache. Die Grundregeln der Handhabung des Strahlrohres, schon in den Anfängen des organisierten Löschwesens aufgestellt, haben dabei noch heute Gültigkeit.

Blickt man in die Geschichte, so ist festzustellen, daß das Strahlrohr als fest montiertes Wenderohr noch vor der Erfindung des Schlauches in Aktion trat. Auf den sogenannten Wenderohrhanddruckspritzen des Mittelalters ermöglichte es nur das Spritzen von der Straße aus. Durch die feste Verbindung mit der Spritze war der Aktionsradius sehr begrenzt. Auf jeden Fall war aber die Erkenntnis da, daß erst ein kanalisierter Wasserstrahl eine effektive Wurfweite ermöglichte, was in primitiver Form bei den Hand- oder Eimerspritzen versucht worden ist. Die eigentliche Bedeutung des Strahlrohres kam erst mit der Erfindung des Schlauches (1673) zum Tragen. So wurde das Strahlrohr in den Anfängen logischerweise als strahlbildender Abschluß des Schlauches, Schlauchrohr genannt. Die ersten Schlauchrohre waren sehr lang. 80 und 100 cm waren durchaus keine Seltenheit.

Auch später, mit dem Aufkommen des ungummierten Hanfschlauchs, blieb die Länge erhalten. Das hatte einen guten Grund. Aber nicht etwa deshalb, um eine respektable Entfernung zum Feuer herzustellen, sondern um den Rohrführer trocken zu halten.

Da die ungummierten Hanfschläuche durch das in der Faser enthaltene Pektin erst anquellen mußten, war das für den Rohrführer immer eine sehr unangenehme nasse Sache, vor allem in der kalten Jahreszeit. Die Länge des Schlauchrohres gab ihm die nötige trockene Handhabe. Als der gummierte Schlauch in Gebrauch kam, waren die Anschaffungskosten hoch. Ein oder zwei dieser Schläuche wurden aber immer gekauft, und gleich hinter das Schlauchrohr gekuppelt, um Rohrführer und Helfer eine noch längere trockene Handhabe zu ermöglichen. Zuvor hatte der Lederschlauch diese Aufgabe erfüllt.

Das Gummierungsverfahren für Feuerlöschschläuche wurde zwar schon 1836 erfunden (Benzinger), aber es blieb bis zum Jahre 1890 eine höchst unbefriedigende Sache. Oft lösten sich während der Löscharbeit Gummistücke und verstopften das Mundstück des Rohres. Der Rohrführer hatte zur Behebung dieser Störung eine Räumnadel bei sich, um damit das Mundstück durchzustoßen. Das Mundstück war auch aus diesem Grund selten kleiner als 10 mm, eher größer. Man stellte nun allerhand Versuche an, dem Wasserstrahl im Mundstück den richtigen Effekt (geschlossener Strahl) zu geben. Bald stellte sich heraus, daß eine einfache Zylinderbohrung das beste war. In Bezug auf die Geschlossenheit des Strahles gilt das noch heute. Unsere Feuerwehrvorfahren kamen auch schnell dahinter, daß die Wirksamkeit der verschiedenen Mundstückdurchmesser bei einem Feuer von großer Bedeutung war. Eine hervorragende Lösung war das sogenannte Terassenmundstück. Es bestand aus abschraubbaren Teilen verschiedener Durchmesser. Der Feuerwehrführer bestimmte nun, je nach Intensität des Brandes, mit welchem Durchmesser gespritzt werden sollte. Die Abrißkanten der Mundstücke waren durch vertieften Sitz geschützt, um die Strahlprägung durch Scharten nicht zu beeinträchtigen. Die Pumpmannschaft an der Handdruckspritze bekam bald ein Gefühl dafür, mit welchen Mundstückaufsatz gelöscht wurde, denn vom Kräfteaufwand war es schon ein enormer Unterschied, ob das mit dem 10- oder 18-mm-Stück geschah.

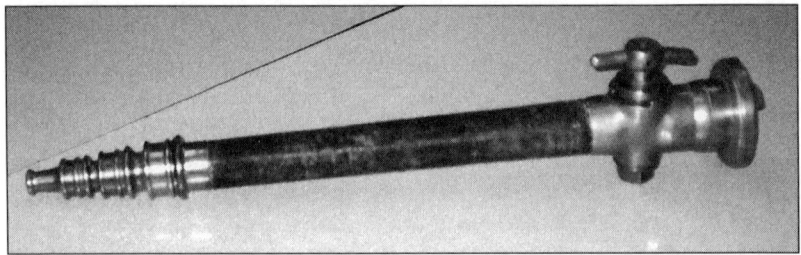

Typisches Strahlrohr mit Terassenmundstück.

Die ersten Schlauchrohre besaßen zur Verhinderung von Schlauchplatzern keine Absperrvorrichtung. Später kam dann der Kükenhahn in Gebrauch.
Der Tätigkeit des Rohrführers kam in den Anfängen eine viele größere Bedeutung zu als heute. Von seinem Geschick und Wagemut hing der Erfolg der ganzen Löschaktion ab. Die richtige Anwendung des Schlauchrohres spielte dabei die wichtigste Rolle. Die besondere Stellung des Rohrführers schlägt sich in dem Sprichwort „Erster Mann an der Spritze sein" nieder, und wird selbst im „Lexikon der sprichwörtlichen Redensarten" in Bezug auf das Feuerlöschwesen erwähnt.
In einer zeitgenössischen Publikation wird zur Tätigkeit des Rohrführers ausgeführt:
„Der Rohrführer, in dessen Händen sich die Thätigkeit der Steiger- und Spritzenabtheilung vereinigt und culminiert, hat einen entscheidenden Einfluss auf die Wirkung der Gesammtthätigkeit der Feuerwehr. Weiss der Rohrführer die geeignetsten Punkte zum Angriff des Feuers zu finden und den Strahl

Strahlrohre aus der Sammlung des Historischen Kabinetts Ammendorf.

richtig zu leiten, so ist die Wirkung eine ausserordentliche, fehlt ihm aber das richtige Verständniss für seine Aufgabe, so wird auch die besteingerichtete Feuerwehr keine rasche Wirkung erzielen. Dieser Wichtigkeit der Funktion eines Rohrführers entsprechend, sind auch die Ansprüche, welche man an einen solchen machen muss; derselbe soll seine Aufgabe rasch übersehen, ruhig und planmässig fortarbeiten, als gewandter Steiger stets den geeignetsten Standort für seine Thätigkeit wählen, Hitze, Rauch oder Kälte mit Ausdauer ertragen, Muth mit Vorsicht verbinden." Es folgen 10 Regeln, die der Rohrführer zu beachten hat. So wird formuliert: „Die Verwendung zu enger Mundstücke ist ein grober Fehler, weil man dadurch die Arbeit der Pumpmannschaft ohne allen Nutzen erschwert." An anderer Stelle heißt es: „Unsicheres Hin- und Herspritzen ist verpönt." Eine auch heute noch wichtige Regel lautet: „Eine Rücksicht, welche der Rohrführer stets im Auge behalten muss, ist, nicht mehr Wasser in das brennende Haus zu werfen, als zur Löschung des Feuers nöthig ist, damit nicht durch Wasser verdorben werde, was das Feuer verschont hat.

Aus dem Schlauchrohr entwickelten sich im Laufe der Zeit die vielfältigsten Formen der Strahlrohre, die je nach Gebrauchszweck ihre Anwendung finden. Das Wort Rohr blieb aber bis heute erhalten, denn immer noch heißt es: „Angriffstrupp 1. Rohr vor."

„Achtung Leine"

Jemanden an der Leine halten; die Leine über die Hörner werfen; an der Leine gehen bzw. ziehen usw.

Die Sprichwörter über die Leine sind vielfältig. Die Leine oder das Seil als Hilfsmittel des Menschen haben eine lange Geschichte. Phönizische Seeleute benutzten 1200 vor Chr. Seile, ebenso die alten Ägypter beim Bau ihrer Pyramiden. So stehen die Leine und das Seil schon seit Menschengedenken für Sicherheit und Arbeitserleichterung. Wir sprechen von der Rettungsleine, Sicherheitsleine, Fangleine, Führungsleine. Das Wort Seilschaft aus der Bergsteigersprache steht geradezu für gemeinsame Sicherheit, welche dem Seil zugrunde liegt. Ebenso die Seilfahrt des Bergmannes. Die Leine war früher auf der Baustelle nicht wegzudenken und ist dieses auch heute nicht. Die frühere Höhenbeförderung von Baustoffen war ohne die Leine völlig unmöglich. Auf den Gerüstbau traf gleiches zu.

Wie vieles aus dem Handwerksbereich zum Feuerwehrwesen wechselte, so war das auch bei der Leine der Fall. Obwohl der Arbeitsschutz eine Errungenschaft der neueren Zeit ist, so ist doch mit Gewißheit anzunehmen, daß man sich auch schon in alter Zeit mit Leinen gegen Abstürze sicherte. Kein Wunder also, daß Leine und Seil auch in den frühen Feuerlöschordnungen auftauchten. Der persönliche Einsatz in der damaligen Feuerbekämpfung war oft entscheidend für den Erfolg des Ganzen, so gering er auch meist ausfiel. Manche Feuerordnungen schrieben dem Löschmann vor, mit welchen Hilfsmitteln er auf dem Brandplatz zu erscheinen hatte. Zum Beispiel die Hamburger Feuerordnung von 1760. Hier wird den Maurern, Zimmerleuten und Kaminkehrern befohlen, sich mit einem sogenannten Fangseil beim Feuer einzufinden. Und noch heute sprechen wir von der Fangleine.

Der Hauptzweck der Fangleine besteht neben dem Transport von Geräten in der Rettung von Personen und

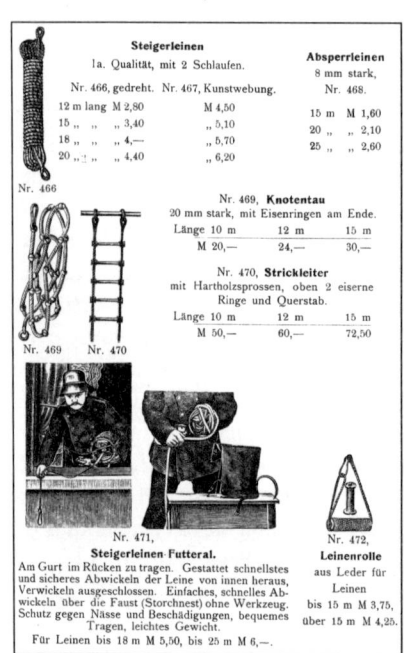

Verkaufskatalog für Feuerwehrleinen.

| Fig. 82. | Fig. 83. | Fig. 84. | Fig. 85. | Fig. 86. |
| Ulmer Art. | Berner Art. | Leipziger Art. | Münchner Art. | Carlsruher Art. |

Tragarten der Steigerleine.

der Selbstrettung. In einer Bestimmung von 1920 über den Zweck der Leine steht: „Da sie nicht nur zum Aufziehen und Niederlassen der Schläuche dient, sondern zur Rettung und Selbstrettung im Notfall, muß sie unbedingt das Heiligtum der persönlichen Ausrüstung des Steigers darstellen." Die Leine konnte gedreht oder geklöppelt sein, auf keinen Fall durfte sie eine Seele besitzen, das heißt einen im Inneren der Leine liegenden geraden Strang, um den sich die übrigen Litzen in Drehungen herumlegen. Bei starker Belastung reißt die Seele zuerst, ehe die übrigen Litzen die Grenzen ihrer Zugfähigkeit erreicht haben. Der dabei entstehende Ruck kann sehr gefährlich sein. Aufgrund der Bedeutung der Leine spielten Pflege und Prüfung immer eine bedeutende Rolle. In den Vorschriften wichtiger Feuerwehrausrüstungsstükke der Magdeburgischen Landes-Feuer-Sozität 1882 ist festgelegt: „Fangleinen (Rettungs-, Steigerleinen) haben aus gut gedrehtem Hanf, rund geflochten, 9–10 mm stark, nicht unter 12, möglichst 15 m lang zu sein." Mit den 15 m Länge wollte man aus der 3. Etage (damals vielfache Bauhöhe) den Erdboden erreichen. Die Prüfung der Leine war auf 300 kg angesetzt. Wo bei unserer heutigen Leine der Knebel sitzt, war früher immer ein kleiner Karabinerhaken eingeflochten. Sorgfältige Pflege und Reinigung bzw. Trocknung der durchnäßten Leine, ebenso wie das Freihalten des Karabinerhakens von Rost, gehörten zur Pflicht eines jeden Steigers.
Abschließend sei zu erwähnen, daß sich mit der Herstellung von Seilen, Tauen und Leinen schon sehr zeitig eine neue Berufsgruppe etabliert hatten, die Reeper und Seiler. Die berühmt-berüchtigte Hamburger Reeperbahn hat ihren Namen von dem ehemals hier produzierenden Handwerk. Seine Blütezeit hatte es mit der Segelschiffahrt Ende vorigen Jahrhunderts. Das Industriezeitalter setzte dem ein Ende. In manch anderer deutschen Stadt künden noch Gassen- und Straßennamen von dem alten Handwerk, dessen Produkte heute mit modernen Materialien und Methoden hergestellt werden und auch bei der Feuerwehr nicht wegzudenken sind.

Von der Seefahrt zur Feuerwehr: Der Knoten – Hilfsmittel zur Sicherheit

Der berühmte gordische Knoten galt als unlösbar und konnte der Legende nach erst mit dem Schwert „gelöst" werden. Ein unlösbarer Knoten hat aber keinen praktischen Wert. Die Knoten der Feuerwehr und der Rettungsdienste dagegen sind wertvolle lösbare Hilfen in ungewöhnlichen Situationen. Die Geschichte der Knoten ist uralt.

Seit der Zeit, als sich Menschen aufs Meer wagten, werden sie wohl die Nützlichkeit der Knoten für ihre Tätigkeit erkannt haben. Eine außerordentliche Bedeutung erlangten sie in der großen Zeit der Windjammer und Rahsegler. Wo alles an Tauen, Kabeln, Trossen und Leinen hing, mußte der Seemann eine Menge Knoten und Leinenverbindungen beherrschen. Schnell konnte ein falsch ausgeführter Knoten das Leben aller gefährden. So gehörte das Knoten und Spleißen (das Verbinden von Tauenden) zum notwendigen Grundwissen einer jeden „Teerjacke".

Ein alter Seemannsspruch lautet: „Kannst du splissen un knoten, kannst ok priemen un roken [rauchen]." Damit wird ausgedrückt, daß man erst mit dem Beherrschen dieser Techniken als richtiger Seemann anerkannt wurde. Zeit zum Überlegen, wie dieser oder jener Knoten auszuführen sei, hatte „Janmaat" nicht. Bei schwerer See, in der Takelage hängend, auch in stockdunkler Nacht, war die strikte Ausführung jedes Kommandos auch mit der perfekten Beherrschung der Knoten verbunden.

Der Vorläufer des Wortes „Knoten", hieß seemännisch „Knopf" und ist wahrscheinlich von „knüpfen" abgeleitet. Im Deutschen verlief die Entwicklung über das althochdeutsche knoto zu mittelhochdeutsch knote, und seit dem 18. Jahrhundert Knoten.

Die meisten Knoten welche heute bei der Feuerwehr Verwendung finden, stammen aus der Seefahrt. Sie besitzen drei Eigenschaften: Sie sind einfach auszuführen, haltbar und leicht zu lösen.

Seemännischer Leibknoten (18. Jh.).

Am Ankerring zugeführter Ankerstich, wie er im 18. Jh. gebunden wurde.

Da die Seefahrt natürlich viel älter ist, als das organisierte Feuerwehrwesen, wurden die Knoten einfach von dort übernommen. So gehören sie auch zum Grundwissen jedes Feuerwehrmannes. Er muß sie genau wie der Seemann unter Extremsituationen sicher beherrschen.

Über die Herkunft der „Feuerwehrknoten" braucht man schon deshalb keine großen Überlegungen anzustellen, weil ihr Name sie klassifiziert. Mastwurf, Ankerstich, Fischerstich usw. Ein typisches Beispiel ist der Ankerstich. Als es bei der Seefahrt noch keine Ketten gab, wurde die wichtigste Sicherheitseinrichtung des Schiffes, der Anker, mit dem Ankerstich befestigt. So zählt der Ankerstich aufgrund seiner Zuverlässigkeit auch heute bei der Feuerwehr mit zu den meist gebrauchten Knoten. Gab es früher noch die Unterteilung in Stiche und Knoten, so steht heute das Wort Knoten für beides. Der Unterschied zwischen Knoten und Stichen besteht darin, daß sich das „Auge" eines Stiches bei Belastung nicht zusammen zieht. Das zu sichernde Objekt wird nicht eingeschnürt. Ein solcher Stich wurde bei den Segelschiffmatrosen auch als Leibknoten bezeichnet, welcher sie bei schwierigen Manövern in der Takelage sicherte. Er ist in etwa mit dem heutigen Brustbund der Feuerwehr vergleichbar. Übrigens ist der Kreuzknoten der einzige, welcher den Wortteil „Knoten" trägt. In der Seefahrt nannte er sich „Raabandsknopf" (Knopf = Knoten). Mögen für einen Laien Begriffe wie Pahlstek, halber Schlag, doppel Schlag, Kreuzknoten, Ankerstich usw. ein Buch mit 7 Siegeln bedeuten, für den Feuerwehrmann hat jeder hat seine Spezifik.

Wenn man bedenkt, daß unsere heute noch gebrauchten Knoten schon unter Kolumbus, Magellan, auf der „Bounty" oder unter Admiral Nelson ange-

Der Kreuzknoten wurde früher in der Seefahrt Raabandsknopf genannt.

Das Prinzip der Spleißung.

wandt wurden, so weist dies auf eine lange, ehrwürdige Geschichte hin. Und auch in unserer hochtechnisierten Zeit, egal ob bei der Feuerwehr, Seefahrt, Bergwacht oder anderen Rettungsdiensten, kann auf den Knoten nicht verzichtet werden.

Ohne Leitern geht es nicht: Die tragbaren Leitern

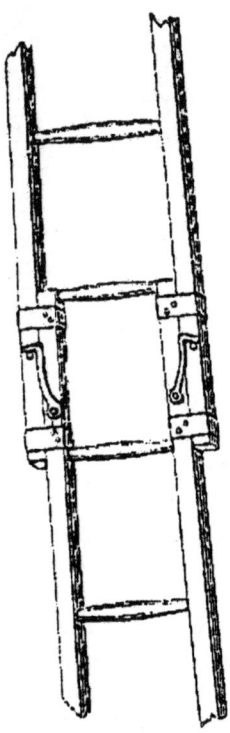

An die Spitze seiner Ausführungen über freistehende Leitern stellte Magirus folgenden bedeutenden Satz: „Der Fortschritt in der Kunst das Feuer zu löschen, besteht wesentlich darin, daß man nicht mehr auf gut Glück gegen das brennende Haus spritzt, daß man vielmehr mit Hilfe der Schläuche und Steiggeräte den Strahl von dem hierzu günstigst gelegenen Punkt aus auf die brennenden Objekte leitet."

Hier wird die Bedeutung der Leiter für die Feuerwehr zur Durchführung eines wirkungsvollen Löschangriffs klar herausgestellt. Die Leiter als Hilfsmittel des Menschen ist sehr alt. Eines der bedeutendsten Ausstellungsstücke des Ägyptischen Museums in Berlin ist der fünftausendjährige Turm, der als Rest eines dem Schach ähnelnden Spiels des damaligen Königs Horus Aha wichtiger Beleg der Wehrarchitektur der alten Zeit ist. Dieser knapp 5 cm große Turm aus Elfenbein zeigt einen erhöhten Eingang mit einer Leiter. Das gleiche System treffen wir am mittelalterlichen Bergfried wieder, dem letzten Zufluchtsort auf der Burg.

1964 grub der britische Altertumsforscher Mellaart in der Türkei eine Siedlung jungsteinzeitlicher Bauern aus, bekannt unter dem Namen Çatal Hüyük. Verwundert stellte er fest, daß die Siedlung keine Straßen

Englische Leiter mit Hakenverbindung.

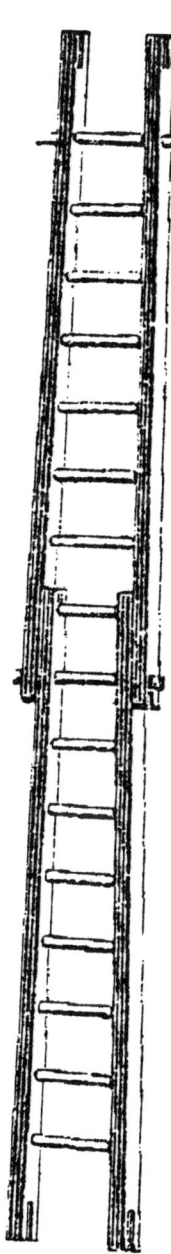

Italienische Leiter.

hatte. Auch hatten die Häuser keine Türen im üblichen Sinne. Die damaligen Bewohner betraten ihre Häuser durch Öffnungen im Dach, über Leitern, deren Spuren als Abdrücke im weichen Lehm erhalten geblieben waren. Die Leiter als Vorläufer der Treppe spielte also bei unseren Vorfahren eine gewichtige Rolle. Auch der Handwerker der frühen Perioden setzte sie als flexible Hilfsmittel ein. Und das ist so geblieben bis in unsere heutige Zeit.

Die Frage, wann die Leiter im Lösch- und Rettungswesen das erste Mal auftaucht, ist schwer zu beantworten. Sie ist wahrscheinlich schon sehr früh bei der Bekämpfung von Bränden eingesetzt worden, auch wenn man sich ihrer Bedeutung noch nicht im vollen Maße bewußt war. Aus der Regierungszeit des römischen Kaisers Augustus ist uns aus dem Jahre 6 n. Chr. bekannt, daß seine Feuerschutztruppe, die Cohortes Vigilum, Leitern (Scalae) im Gebrauch hatte. Diese Leitern waren die gleichen, welche auch im Krieg zur Überwindung von Hindernissen benutzt wurden. Aus der Kriegstechnik wurde die Leitern dann für den Einsatz in das Feuerwehrwesen übernommen. Erst wieder im Mittelalter, im Jahre 1188, treffen wir in einem Polizeigesetz der Stadt London auf Leitern, die die Besitzer hoher Häuser für den Brandfall bereithalten sollten.

Auch die heute noch gebrauchte Klappleiter als sogenannte „verborgene Leiter" war ein Mehrzweckgerät zum Steigen und Rammen aus der Kriegstechnik um 1460. Ob man die in einem Buch Jan van der Heydes von 1690 abgebildete Leiter mit zwei Haken am Holmen schon als reines Feuerwehrgerät bezeichnen kann, sei dahingestellt. Die erste Leiter für Feuerlösch- und Rettungszwecke, und zwar eine Hakenleiter, wurde in Deutschland im Jahre 1831, noch 10 Jahre vor der Gründung der ersten Wehr in Meißen, von Joseph Buhl in Schwäbisch Gmünd hergestellt. In den Beschreibungen der Ausrüstungsgegenstände der Turnerfeuerwehren in den fünfziger Jahren des 19. Jh. tauchen Haken-, Dach- und Schiebleiter als reine Feuerwehrgeräte auf.

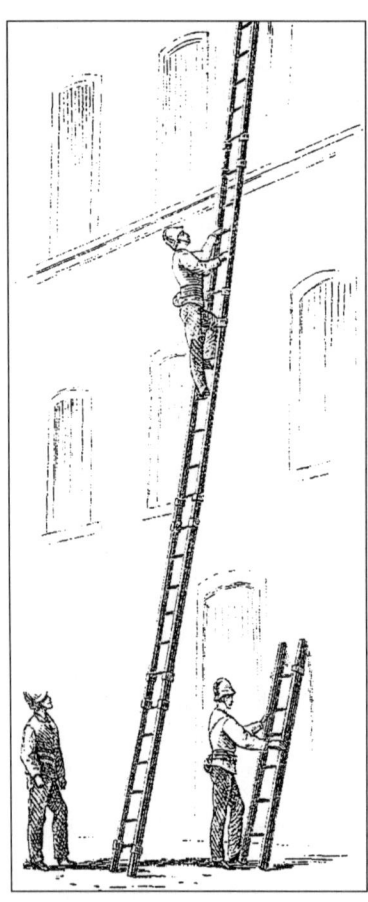

Englische Leiter.

Daß Anstelleitern, aufgrund der Schwierigkeiten beim Aufstellen, immer nur eine begrenzte Höhe haben können, abgesehen von der Unterbringung und dem Transport, mag wohl zur Erfindung der mehrteiligen Steckleiter geführt haben. Schon römische Pioniersoldaten um 100 n. Chr. benutzten eine aus mehreren Teilen zusammengesteckte Leiter. Diese „Scala romana" (römische Leiter) besaß schon die sich verjüngende Form der Holme, die wir an den Steckleitern heute noch kennen. Der Prototyp unserer heutigen Steckleiter ist aber die englische Leiter. 1851 brachte C. D. Magirus eine solche Leiter von England mit nach Deutschland. Da diese Leiterteile als Verbindungssystem nur einfache Metallsteckkästen besaßen, brachte Magirus als Sicherheitseinrichtung Hakenverbindungen gegen Herausrutschen an, die Vorläufer unserer heutigen Federsperrbolzen.

Leitern ohne allzu große Mühe auf eine gewünschte Höhe zu bringen, schnell zu transportieren und sie somit in kurzer Zeit einsatzbereit zu haben, von diesen Anforderungen gingen wohl die ersten Konstrukteure der Schiebleiter aus. Das Prinzip der aufeinandergleitenden Holme der Leiterteile, geht auf den Münchener Wagnermeister Birner aus dem Jahre 1761 zurück. 1792 erfande ein gewisser Kerstling in Münster den dazugehörigen Seilwindenauszug. 1850 konstruierte C. D. Magirus eine Schiebleiter von 14 m Länge. An dieser Leiter wurde durch den Konstrukteur 1864 eine wertvolle Verbesserung angebracht, der selbstwirkenden Einfallhaken. Vom Rollen- und Seilzugprinzip über Einfallhaken und Stützen hat sich an dieser sinnvollen Konstruktion bis in unsere Zeit hinein nichts wesentliches verändert. Ein Zeichen der Perfektion dieses Gerätes. Wegen ihrer 100 kg vom Feuerwehrmann oft als „Plageholz" bezeichnet, ist die Leiter auch heute noch ein nicht wegzudenkendes Angriffs- und Rettungsgerät der Feuerwehr.

Die besondere Bedeutung der Leiter im Feuerwehrwesen findet u.a. in Japan ihre spezielle Würdigung. Die alljährliche Neujahrsparade der Feuerwehr von Tokyo wird traditionell von einer Gruppe mit Bambusleitern angeführt.

Am Anfang war der Kittel

Die Entwicklung der uniformen Einsatzkleidung im Feuerlöschwesen war mit vielen Problemen behaftet. Oft mußte dabei Zweckmäßigkeit der Repräsentation weichen. Auch der Zeitgeist spielte eine nicht unwesentliche Rolle. Da sich das Feuerwehrwesen seit seinen Anfängen am Militär orientiert hatte, wurde auch dessen Uniform zum Vorbild genommen, ob sie sich nun zum Löschdienst eignete oder nicht. Dabei war man zunächst auf dem richtigen Weg. Man stelle sich einmal im Mittelalter das bunte Durcheinander aller derer vor, welche „zum Fewer verpflichtet" wurden: Schlosser, Schmiede, Maurer, Zimmerleute, Steinhauer, Schneider, Bader, Brauer, Holzhauer, Kaminkehrer, Hausbesitzer, Tagelöhner usw. Dazu kamen die Rats- und Handelsherren und so manch anderer Bürger in „barocker" Tracht. Auch wenn sich bei diesem Durcheinander nur schwer ein taktisches Vorgehen feststellen ließ, eins hatte sich auf jeden Fall herausgestellt: Die Berufsbekleidung des Handwerkers, wie langer derber Leinwandkittel, Lederschürze, breitkrempiger Hut aus starkem Filz, Lederstiefel usw. waren für die Brandbekämpfung besser geeignet als die oft stutzerhafte Mode des vornehmen Stadtbürgers.

Die territoriale Vergrößerung so mancher deutschen Stadt im ausgehenden Mittelalter ließ die ohnehin schon große Brandgefahr drastisch ansteigen. Das verdeutlichen

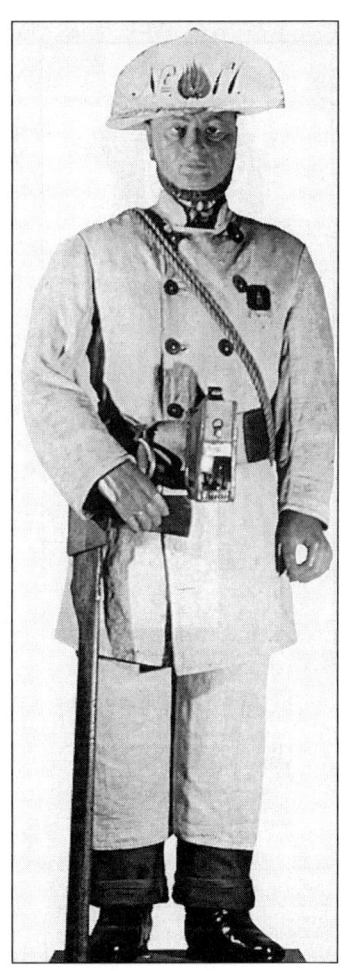

Hamburger Wittkittel um 1825. Die Hutnummer wies auf die Spritzenzugehörigkeit hin.

107

Hamburger Feuerpatrouille mit Löschkittel und Schürze (1806).

die allzu häufigen Stadtbrände dieser Zeit. Aus welchen Gründen auch immer, es wurde von ständigen Löschmannschaften Abstand genommen. Man verließ sich lieber auf die Zwangsrekrutierung von Löschhelfern für den jeweiligen Brandfall. In den Garnisonsstädten, von denen es zahlreiche gab, wurden einfach die Soldaten eingesetzt. Trotz alledem gab es Kommunen mit Vorreiterrolle. So unterhielt die Stadt Wien 1685 vier Feuerknechte bei 2 Gulden Wochenlohn, welche als Stammmannschaft mit jederzeit einsetzbarem Löschgerät Tag und Nacht zur Verfügung standen. Diesen vier Feuerknechten wurde 1786 eine „Stadtlivre", bestehend aus langem Zwilchrock, weißer Zwilchhose und schwarzem Filzzylinder mit Stadtabzeichen bewilligt. Die Stadtväter von Wien verfolgten bei dieser ersten uniformierenden Maßnahme einen wichtigen Zweck: die visuelle Herausstellung der für die Brandbekämpfung profilierten Personen. Das sollte sich für die Zukunft als richtig erweisen. Aber nicht nur das. Zwillich bestand aus einem schweren dichten Gewebe aus Leinen oder Baumwolle, das vorwiegend für Arbeitsbekleidung produziert wurde. Man hatte dabei auch an einem umfassenden Körperschutz bei der Brandbekämpfung gedacht und war, wie oben angedeutet, auf dem richtigen Weg.

In Hamburg wurde 1676 mit der „Generalfeuercassa" die erste deutsche Feuerversicherung gegründet, die einheitlich mit Löschkitteln bekleidete Feuermänner unterhielt. 1750 erhielten Hamburgs uniformierte Brandbekämpfer sogar den Namen nach ihrem typischen Bekleidungsstück: die Wittkittel, die Weißkittel. Auch aus Braunschweig sind 1787 derbe Löschkittel bekannt geworden. Im Jahre 1806 patrouillierten Hamburgs Brandwächter mit Filzhut, Kittel und Lederschürze durch die Stadt.

Leider wurde im Laufe der Zeit dieser richtige Weg zugunsten der repräsentativen Militäruniform wieder verlassen. Natürlich gab es auch Ausnahmen. Wie es die erste freiwillige Feuerwehr Deutschlands in Meißen 1841 mit ihren langen leinenen Schutzmantel beweist. Aber der bunte Rock machte Karriere. Nur die Turnerfeuerwehren, welche sich im Zeitraum 1848 konstituierten, lehnten, getreu ihren Grundsätzen, alles Militärische ab. Lange hielten sie aus diesem Grund auch bei fortschreitender Uniformierung an ihrer Turnerbluse als Einsatzkleidung fest.

Da die Anschaffung von Uniformen die Stadt- und Gemeindekassen oft gründlich erleichtert hatten, mußte der Rock nicht selten zwei Zwecken dienen. Er war gleichzeitig Ausgangs- und Einsatzuniform. Die hervorragende Qualität dieser Stoffe garantierte mancher Uniform ein langes Leben. Noch nach dem 2. Weltkrieg waren einige in den Spritzenhäusern zu finden. Sie wurden oft in Ermangelung von zeitgemäßer Einsatzkleidung als deren Ersatz abgetragen. Daß in vielen Kommunen nur Uniformröcke übriggeblieben waren, lag daran, daß in manchen Orten keine Hosen gestellt wurden. Sie mußten aus dem privaten Kleiderschrank ergänzt werden.

Wenn man die Entwicklung der uniformen Einsatzkleidung der Feuerwehr von den Anfängen bis zur Gegenwart Revue passieren läßt, sieht man folgende Entwicklungslinie: vom Handwerker- und Löschkittel über den bunten Uniformrock hin zur Zweckmäßigkeit. Denn noch nie war der Feuerwehrmann, angefangen vom modernen Trägerhelm über die hitzeresistente Einsatzkleidung bis hin zum Sicherheitsstiefel, so zweckmäßig ausgerüstet wie heute. Und mit etwas Phantasie ist in der heutigen Einsatzjacke der Charakter des alten Löschkittels wiederzuerkennen.

Natürlich gab es im Laufe der Entwicklung immer wieder Bemühungen, den Körperschutz des Feuerwehrmannes zu verbessern. Die Fabrikfeuerwehren kamen diesen Erfordernissen noch am ehesten nach. Auch wurden von etlichen „Erfindern" mehr abenteuerliche als brauchbare Alternativen vorgeschlagen und hergestellt. Sie reichten vom weiten Lederanzug mit Kopfhaube über den sich selbst berieselnden Feuertaucher bis hin zur wassergekühlten Eisenblechrüstung.

Sp(r)itzenklasse: die Handdruckspritze

Lange Zeit bestimmte eine mechanische Löscheinrichtung das Bild der Feuerwehr, die Handdruckspritze. Auch noch in der Zeit der Dampf- und Motorspritzen tat diese sinnreiche Erfindung ihren unverzichtbaren Dienst. Ja, selbst nach dem 2. Weltkrieg wurde die ehrwürdige Löschmaschine wegen Mangels an Motorpumpen wieder zu neuem Leben erweckt. So hatte die Handdruck-spritze in vielen Spritzenhäusern nicht nur einen ehrenvollen nostalgischen Platz, sie war auch lange Zeit eine zuverlässige Einsatzreserve. Auf vielen Feu-erwehrjubiläen und musealen Vorführungen kann man sich heute noch von ihrem hohen Gebrauchswert und ihrer Leistungsfähigkeit überzeugen.

Seit Heron von Alexandrien 110 n. Chr. (Erfinder der Feuerspritze) war sie in Vergessenheit geraten. Erst ihre „Wiedererfindung" durch den Augsburger Goldschmied Platner 1517 machte sie in Deutschland, wenn auch sehr all-mählich bekannt. Das wichtigste an der Handdruckspritze war der kontinu-ierliche Wasserstrahl. Durch diesen ständigen Wasserstrahl übertraf diese mechanische Entwicklung in ihrer Effektivität alle vorhergegangenen Lösch-gerätschaften bei weitem. Die Chancen einer erfolgreichen Brandbekämp-fung bestimmte der Wasserstrahl, in dem sich alle mechanischen Vorgänge der Spritze gipfelten. Selbst bei den sogenannten Stoßspritzen (noch ohne Wind-kessel) war der Löschstrahl, wenn auch nur stoßweise, immer vorhanden. Voraussetzung war natürlich in den Anfängen der durch die Eimerkette im-mer gefüllte Wasserkasten oder in der späteren Entwicklung (Selbstansaugung) die Wasserentnahmestelle. So war die Handdruckspritze bei zeitiger Alar-mierung durchaus in der Lage, einen noch nicht zu weit ausgedehnten Brand zu löschen. Die Eimerkette und die sogenannten Eimerspritzen waren hier im-mer die Verlierer.

Selbstansaugende Handdruckspritze ohne Wasserkasten.

Mit der Erfindung des Druckschlauches durch den Holländer Jan van der Heyde 1673 wurde die Voraussetzung für eine erfolgreiche Brandbekämpfung wesentlich unterstützt. So bestimmen auch heute noch die drei Komponenten Druckerzeuger (Pumpe), Schlauch und Wasserstrahl den Löscherfolg. Die Handdruckspritze war somit in allen Phasen ihrer Modernisierung das grundlegende Löschmittel der Feuerwehr bis zur Ära der Dampffeuerspritze.

In diesem Beitrag soll etwas näher auf das Wesen, den Aufbau und die Leistung der Handdruckspritze eingegangen werden. Angesetzt wird hierbei in einer Zeit (um 1890), als die Handdruckspritze bei den organisierten Feuerwehren das Nonplusultra darstellte. Ins Bild gesetzt wird eine Fahrspritze wie sie von den Landesfeuersozietäten Magdeburg und Sachsen an die Gemeinden empfohlen wurden. Die Feuersozietäten zahlten nicht ohne Grund für die Anschaffung guter Spritzen Prämien an die Kommunen. Sie stellten deshalb auch Forderungen, wie eine qualitätvolle Spritze beschaffen sein sollte. Diese Forderungen, von Fachleuten aufgestellt, geben ein ausgezeichnetes Bild vom Aufbau, Wirkungsweise und Leistung einer Feuerspritze der damaligen Zeit.

Die Handdruckspritze bestand aus Wagen, Spritzenwerk und Antrieb. Der Wagen richtete sich dabei immer nach der Größe des aufzunehmenden Spritzenwerkes. Der Wagenrahmen sollte aus Eichenholz oder gewalzten Eisen bestehen. Die Radachsen aus Schmiedeeisen oder Stahl. Die Räder aus Eichen-, Eschen- oder Rotbuchenholz. Der Radbeschlag (Reifen) aus 10–13 mm starken Schmiedeeisen. Spurbreite 1,36 m. Ferner war der Wagen ausgestattet mit schnell lösbarer Deichsel, Schleifzeug, Federung (feststellbar) und Wagenbalken für Bespannung.

Das Spritzenwerk, das Herzstück der Spritze, war eine gut durchgerechnete, auf die Leistung ausgerichtete Mechanik. Es bestand aus zwei einfach wirkenden Zylindern, 90 bis 160 mm Durchmesser, Wandungsstärke nicht unter 6 mm. Die Zylinder nahmen die beiden eingeschliffenen Kolben aus Rotguß auf. Kolbenhub 15–26 cm. Das Werk mußte einem Wasserdruck von $10 kg/cm^2$ standhalten, dabei durfte das Manometer in drei Minuten nicht unter 1/2 kg (!) zurückgehen. Die Ventile sollten leicht zugänglich aus Messing und mit Hubbegrenzung sein. Die Durchgangsgröße der Ventile entsprach 4/10 des Zylinderquerschnitts. Der Windkessel für das Druckwerk aus gehämmerten Kupfer oder Messingblech aus zwei Teilen gelötet, mit dem 8–10fachen Rauminhalt des Zylinders. Der Windkessel für das Saugwerk aus gleichem Material, mit 1-2fachen des Zylinderinhalts. Der Saugstutzen im Spritzenkasten war mit einem Sieb versehen, dessen Löcher soviel Fläche ergeben mußten, wie der Durchschnitt eines Zylinders. Der Wasserkasten mit Boden aus Messingblech war so groß, daß die Spritze mit dem Inhalt 1 Min. arbeiten konnte.

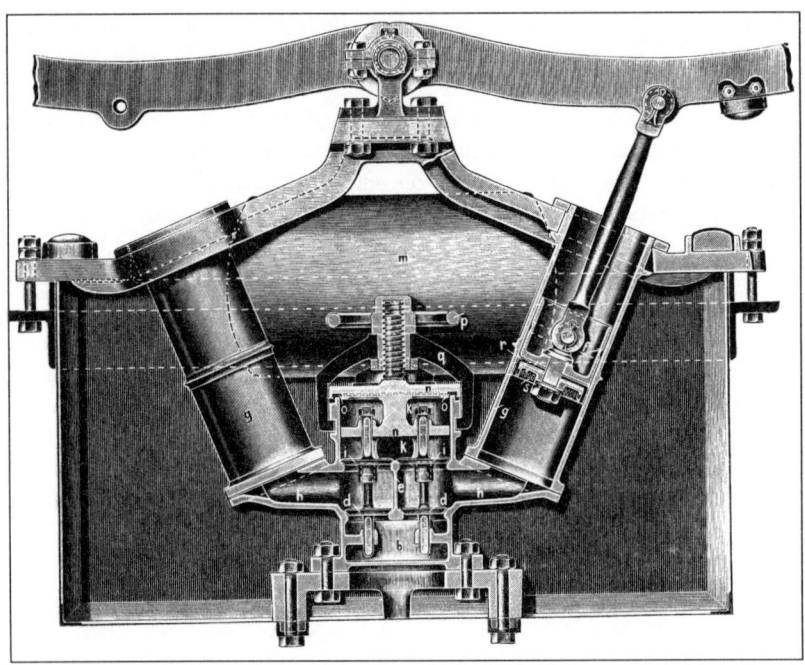

Schnitt durch ein Pumpwerk der Feuerlöschgerätefabrik Bräunert mit Ventilzuord-
nung (1908).

Der Druckbaum aus Stahl oder Eisen sorgte für den Antrieb der Spritze. Die
vollständige Hubhöhe der Kolben mußte gewährt sein. Der Druckbaum nahm
die Druckstangen für die Hände der Pumpmannschaft auf. Material, astfreies
Birkenholz. Die Hubbegrenzung des Druckbaumes wurde durch Puffer gesi-
chert. Der höchste Angriffspunkt der Druckstange durfte nicht über 1,75 m,
der tiefste nicht unter 60 cm vom Boden sein (bequemes pumpen). Die praktische Wasserlieferung, errechnet aus Zylinderweite, Hubhöhe und Hubzahl,
sollte nicht weniger als 95 % der theoretischen betragen. Dieser Nutzeffekt
in Verbindung mit der Mundstückweite des Strahlrohres bestimmte die Leistung der Spritze. Ferner bestand die Forderung auf einer Ansaughöhe von
6,5 m. Die Wurfweite des Löschstrahls lag bei 26 m, bezogen auf Zylinderweite 100 mm und Mundstückweite 12,5 mm. Die Druckmannschaft war in
diesem Falle mit 8 Mann angesetzt.
Aus dem oben Aufgeführten ist ersichtlich, daß aufgrund der physikalisch mechanischen Vorgänge bei der Wirkungs- und Arbeitsweise der Spritze nur
Männer für die Bedienung und Wartung ausgesucht wurden, welche artver-

wandte Berufe besaßen. Oft war es deshalb der Schmied oder Schlosser der Gemeinde. Nicht zuletzt waren diese Leute in der Lage, Schäden an der Spritze zu erkennen und zu beheben. Im Sprachgebrauch der Feuerwehr wurden solche Personen in damaliger Zeit als Spritzenmeister bezeichnet.

Als optische und akustische Vorrichtung war an der Spritze eine gefederte Laterne und eine Signalglocke angebracht. Ferner Halterungen für die Aufnahme von Saug- und Druckschläuchen und für die Strahlrohre. Ein Werkzeugkasten rundete das Bild ab. So war die Handdruckspritze als teure Investition der jeweiligen Kommune auch gleichzeitig das Aushängeschild ihrer Sicherheitsbedürfnisse. Und nicht ohne Grund stand stolz auf jedem Wasserkasten dieser Löschmaschine der Name von Dorf, Stadt oder Fabrik und ihrer Feuerwehr.

Die mobile Mannschaft

Nach der Einführung der Handdruckspritze in den Kommunen war die Chance für eine wirkungsvolle Brandbekämpfung erheblich gestiegen. Doch je nach Bauart brauchte diese Feuerbekämpfungsmaschine Personal für die Inbetriebsetzung und den fortlaufenden Arbeitsrhythmus. Und das konnten eine ganze Menge sein. Die Arbeit an den Druckstangen der Spritze stellte von Anfang an hohe Anforderungen an die Muskelkraft der Pumpenmannschaft. Doch oft dauerte es vor der Einführung organisierter Feuerwehren einige Zeit, bis diese Mannschaft vollzählig war. Verzögerung der Löscharbeit und die damit verbundene Vergrößerung des Brandes war die Folge. Nicht überall konn-

Mannschafts- und Gerätewagen der Hamburger Feuerwehr für Pferdezug.

Mannschaftswagen mit angehängter Abprotzspritze der Fabrikfeuerwehr Krupp in Essen (1879).

te man die Druckmannschaft von der Straße aus verpflichten, wie das zum Beispiel in Paris (1810) der Fall war. Auch waren nicht immer genügend Leute anwesend, oder sie eigneten sich nicht für diese kraftraubende Arbeit. Nun mußte natürlich nach gewisser Zeit auch an eine Ablösung gedacht werden. Bei einer bis zu sechzigmaligen Druckbewegung pro Minute, was nicht ohne Bücken abging, konnte das nicht über Stunden durchgehalten werden. Je nach Leistungsfähigkeit der Spritze, wurden als sogenannte Drückermannschaft 8–20 Mann gebraucht. Möglichst gleicher Größe. So lange ein Feuer in Orten geringer territorialer Ausdehnung ausbrach, war der Anmarsch zu Fuß kein Problem (Dörfer, Kleinstädte). Natürlich gab es schon lange vor dem Entstehen von Feuerwehren den Gespanndienst, welcher sich aber sehr oft nur auf die Spritze selbst beschränkte. Auch später bei den organisierten Feuerwehren war ein Mitfahren auf der Spritze nur dem Spritzenmeister und natürlich dem Fahrer gestattet. Höchstens konnten auf teilweise vorhandenen Rücksitzen noch zwei Mann zusätzlich aufsitzen.
Diese reichten für den Betrieb der Spritze natürlich nicht aus. So entstand für den Transport der notwendigen Pumpenleute der Mannschaftswagen, welcher vor Zeiten nur ein einfacher Acker- oder Fuhrmannswagen gewesen ist. Bei den organisierten Feuerwehren (freiwilligen und Berufswehren) wurde der Mannschaftswagen zur absoluten Notwendigkeit. Magirus schreibt 1877, daß dieser Mannschaftswagen nicht für mehr als 16 Mann dimensioniert sein sollte. Damit wollte man eine gewisse Schwerfälligkeit minimieren und die Leistungskraft der Zugpferde schonen. Oft wurde nämlich eine zweirädrige Abprotzspritze hinten mit angehängt: eine der ersten Zugkombinationen.

Mannschaftswagen der Feuerwehr.

Der Mannschaftswagen, welcher speziell für die Feuerwehren gebaut wurde, bot nun auch viel Raum für die Gerätschaft, welche auf der Spritze keinen Platz finden konnte. Vor allem für die notwendigen Rettungsgeräte. Ein Beispiel für die Vielfalt der Stationierungsmöglichkeit auf einem Mannschaftswagen, sind die mitgeführten Geräte der Feuerwehr Wien 1901. Neben 1 Offizier und 9 Mann waren vorhanden: 1 aufgeladene, fahrbare Schlauchhaspel mit 150 m Schlauch, 1 Gabelstück (Verteiler), 2 Strahlrohre, 1 Standrohr mit Schlüssel, 3 Hakenleitern, 2 Einreißhaken, 1 Rettungsschlauch (30 m lang), 1 Sprungtuch, 1 Sanitätskasten, 1 Hacke, 1 Mauerbrecher, 1 Doppelaxt, 1 Brecheisen, 4 Stichschaufeln, 1 Werkzeugkasten für Bauarbeiten, 1 Werkzeugkasten für technische Arbeiten, 1 Werkzeugkasten für Hufbeschlag, 1 Wagenwinde, 1 Zugsäge (Schrotsäge), 1 Handsäge, 1 Paar Gummihandschuhe, 1 isolierte Zange, 2 Rauchhauben, 1 Haspel mit 75 m Metallschlauch für die Rauchhaube, 1 Haspel mit 30 m Druckschlauch, 1 Handspritze (Kübelspritze), 1 Saugbottich aus Segeltuch, 6 Klappeimer, 2 Laternen (1 elektr.), 1 Vorlegewaage, 1 Kasten mit Hydrantenplanen.

Es gab bei den Mannschaftswagen eine breite Palette von Bauarten. Typen, bei denen man Rücken an Rücken saß, Typen, bei denen die Gesichter zugewendet waren, in oder gegen die Fahrtrichtung usw. Auch Stehplätze waren vorgesehen, auf welchen sich der Mann mit einem Halteriemen sicherte. Mit der Zeit entwickelte sich aus den Mannschaftswagen der Requisiten- oder Rüstwagen. Oft lief beides parallel. Auch im Zeitalter der Explosionsmotoren wurde das beibehalten. Es gipfelte später im Löschgruppenfahrzeug, einer Einheit aus Mannschaft, Pumpe und Gerätschaft.

Das haute dem Faß den Boden aus: Die Greylsche Feuerlösch-bombe von 1715

Daß durch die Explosionskraft und den davon ausgehenden Luftdruck Brände gelöscht werden können, ist hinreichend bekannt. Wenn auch nicht direkt, so doch oft in den Medien konnte und kann man Zeuge dieser gewaltigen Kraft sein. In manchen einschlägigen Filmen konnte man das Löschen brennender Erdölsonden auf diese Art betrachten.

Den wenigsten dürfte bekannt sein, daß der Ursprung heutiger Verfahren auf das Jahr 1715 zu datieren ist. Zu dieser Zeit machte, ob durch Zufall oder nicht, der Silberstecher Zacharias Greyl in Augsburg die Entdeckung, daß plötzlich auftretender Luftdruck eine Flamme zum Erlöschen bringt, worauf er seiner spätere Erfindung begründete. Er stellte für diese Zeit eine höchst einfache, aber sinnreiche Sache her, die nach ihm selber benannte „Greylsche Feuerlöschmaschine".

In einem nach damaligen Maß 2 Fuß hohen (ca. 50–80 cm) hölzernen Faß, welches mit Wasser gefüllt war, befand sich in der Mitte eine aus Blech bestehende

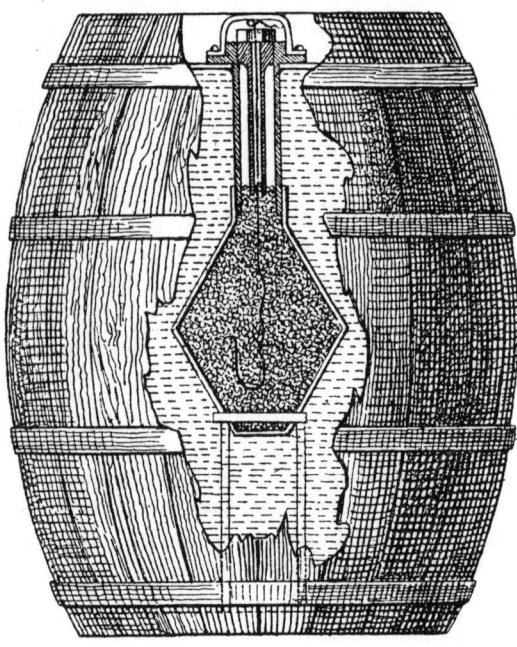

Pulverkammer mit 1 kg Inhalt. In Verbindung mit dieser Kammer führte eine Zündvorrichtung durch einen Kanal nach außen. In praktischer Anwendung lief nun folgendes ab: Das Feuerlöschfaß wurde in einen in voller Ausdehnung brennenden Raum geworfen oder geschoben. In weniger als 1 Min. kam durch die Zündvorrichtung das Pulver zur Explosion, und das Feuer war mit einem Schlage gelöscht. Der dabei fein verstäubte Wassernebel unterstützte den Löscherfolg zusätzlich. Greyl machte, um seine Erfindung zu populari-

Das Feuerlöschfaß von Greyl. Deutlich ist die Pulverkammer mit Lunte zu erkennen.

sieren, verschiedene Proben vor der Öffentlichkeit, der nicht selten hohe Persönlichkeiten beiwohnten. Als er 1720 starb, setzte seine Witwe diese Proben fort. Später bedienten sich auch andere seiner Erfindung und führten sie einem breit gefächerten Publikum vor. Stellvertretend für diese vielen Löschproben sei hier die erste in einem zeitgenössischen Bericht von 1716 wiedergegeben. Ein Rats- und Bauherr aus Augsburg namens Joh. Jac. Beyer bezeugte vom 27. Oktober 1716 folgendes: „dass Zach. Greyl in einem Gewölbe 3 Scheiterhaufen 1 1/2 Schuh hoch und breit, mit Spänen, Pechkränzen und anderem nicht leicht löschbaren Gezeuge angefüllet, darauf angestecket, und als sie in voller Flamme gewesen, bei offenen Fenster und Thüre seine Maschine dagegen gebrauchet habe, wodurch sie alle auf einmal dergestalt ausgelöschet worden, dass nur an dem, wo die Pechkränze gelegen, etliche wenige Scheite annoch gerauchet und gegloset."

Die Glaubwürdigkeit dieser Löscherfolge belegen Berichte der Danziger Naturforschenden Gesellschaft von 1754, die ökonomische Enzyklopädie von Krüniz, Berlin 1778, oder die Feuerpolizeiwissenschaften von Krügelstein von 1800, um nur einige zu nennen. Es sind allerdings nur zwei dürftige Hinweise bekannt, daß diese Erfindung auch bei wirklichen Schadenfeuern angewendet wurde. Und zwar in Augsburg 1720 bei einer „offenen Feuersbrunst" und in Frankfurt am 15. November 1722 bei einem Scheunenbrand.

Der eingefangene Feuerstrahl: Die Erfindung des Blitzableiters

Seit der „Zähmung" des Feuers durch den Menschen sann er nach Schutzregeln und Mitteln, um der immer noch vorhandenen Gefahr durch Bränden Paroli zu bieten. Geringer technischer Entwicklungsstand und Aberglaube setzten dem Kampf gegen das Feuer zunächst Grenzen. Naturbeobachtungen und daraus resultierende Kenntnisse, zufällige Begebenheiten und Nachdenken über die Dinge führten aber im Laufe der Zeit zu mancher nutzbringenden Erfindung – so auch zur Erfindung des Blitzableiters.

Gerade der Blitzeinschlag mit seinen Folgen war vor allem auf dem Lande ein Schreckgespenst ohnegleichen. Lange Zeit setzte ein aufziehendes Gewitter ganze Generationen von Löschkräften in erhöhte Alarmbereitschaft. Trotzdem gehörte der auch der Blitzableiter zu den Erfindungen, deren Einführung über Generationen hinweg durch Vorurteile und Aberglauben erschwert wurden. Als erkannt worden war, wie ein Blitz entsteht und welchen Charakter er hatte, gab es Bemühungen, dieser Naturerscheinung entgegenzuwirken. Dabei müssen schon in frühester Geschichte hinreichende Beobachtungen angestellt worden sein.

An einer alten Tempelruine in Ägypten (180 v. Chr.) fand sich eine Inschrift mit folgendem Text: „Ein Mast aus Akazienholz ragt, beschlagen mit Kupfer, gegen den Himmel, um das Unwetter, vom Himmel kommend, zu brechen." Auch die Dächer der alten Tempel in Jerusalem sollen mit vergoldeten Spießen bewehrt gewesen sein.

Als Erfinder des Blitzableiters der Neuzeit gilt der amerikanische Staatsmann und Wissenschaftler Benjamin Franklin. In verschiedenen Experimenten, u.a. mit Drachen, wies Franklin nach, daß der Blitz eine elektrische Erscheinung ist. Er plante Versuche zur Ableitung des Blitzes mittels einer langen Eisenstange auf einem Turm in Philadelphia. Da sich dieser Turm noch in der Bauphase befand und Franklin die Fertigstellung nicht abwarten wollte, kam ihm der Gedanke mit dem Drachen. Seine Drachenversuche bei Gewitter bestätigten seine Theorie und erlangten historische Bedeutung. Er errichtete im September des Jahres 1752 auf seinem Haus den ersten Blitzableiter mittels einer spitzen Stange, welche den Schornstein um drei Meter überragte. Ein ableitender Eisendraht (7 mm stark) war mit dem Hofbrunnen verbunden. Nach seinen bestätigten Versuchen forderte Benjamin Franklin im Jahre 1758 die Öffentlichkeit auf, Blitzschutzanlagen auf seine Anweisung hin zu installieren. Die Spitzen der Auffangstangen sollten aus Messing sein und den höchsten Punkt des Gebäudes um 2,5 Meter überragen. Besonders lange Bauwerke sollten mehrere Ableiter erhalten, und die Erdleitung sollte aus Blei bestehen. Obwohl der Blitzableiter in Amerika schnell Verbreitung fand, hatte er in der ganzen Welt viele Gegner. Vor allem von der Kanzel wurde gegen seine Einführung agiert. So behauptete in Boston ein Geistlicher, daß das Erdbeben in Massachusetts auf die Blitzableiter zurückzuführen sei. Andere sahen im Blitzeinschlag mit Brandfolge ein Strafgericht Gottes, dem man sich nicht zu wider-

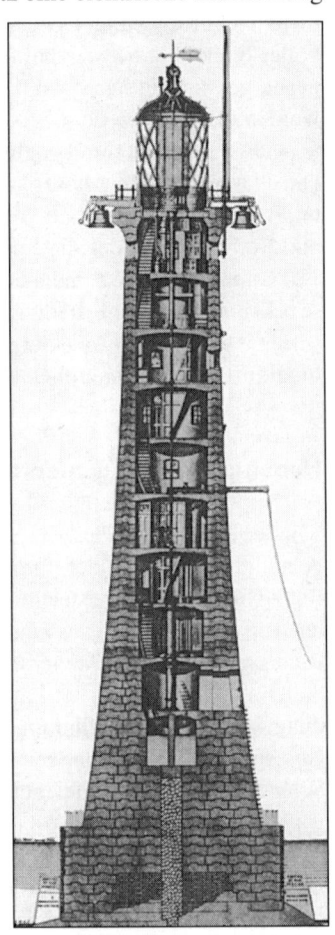

Der Eddystone-Leuchtturm in England erhielt 1760 den ersten Blitzableiter Europas.

setzen hätte. Selbst Professoren vertraten die Meinung, „man solle es blitzen lassen, wie es wolle." Auch Friedrich der Große, oft mit seinen Ansichten der Zeit voraus, war ein Gegner dieser Neuerung und gestattete es nicht, sein Schloß Sanssouci damit zu schützen.

Der erste Blitzableiter in Europa wurde 1760 in England auf dem neu erbauten Eddystone-Leuchtturm errichtet. Sein hölzerner Vorgänger war durch Blitzschlag abgebrannt. Aber selbst in England verlief die Verbreitung des Blitzableiters sehr schleppend. So kritisierte die „Times" 1885, daß noch nicht einmal die Hälfte der öffentlichen Gebäude Englands eine Blitzschutzanlage hätten. Nach England folgte Deutschland. Hier war es besonders der Arzt Reimarus, welcher ein Buch „Die Ursache von Blitzeinschlägen" herausgab und sich um die Einführung des Ableiters große Verdienste erwarb. Es bedurfte auch im übrigen Europa langer Zeiträume, ehe das Vorurteil gegen den Blitzableiter überwunden war und sich der nötige Sachverstand durchsetzte. So gab es beispielsweise einen jahrelangen Streit, ob die Auffangstangen spitz oder stumpf sein müßten. Die Spitzen würden einen Blitz nur unnötig „herablocken".

Die Nützlichkeit des Blitzableiters ist heute, gerade auch für den Schutz hochmoderner Anlagen, unumstritten. Nicht zuletzt ist auch die Feuerwehr dem Blitzableiter Dank schuldig. Viele Blitzeinschläge werden jedes Jahr durch ihn gefahrlos „entschärft".

Die Rettung, die am Haken hing

Auch wenn neue technische Höhen erstiegen werden, soll in diesem Beitrag an ein Steiggerät der Feuerwehr erinnert werden, welches nicht mehr im Einsatzgebrauch ist. Nur noch bei feuerwehrsportlichen Veranstaltungen wird an ihre ehrwürdige Geschichte erinnert: Die Hakenleiter.

Obwohl über die Historie der ersten Leitern der Feuerwehr schon berichtet wurde, soll der Hakenleiter an dieser Stelle besonders gedacht werden. Und das nicht ohne Grund. Denn sie war die Leiter der Feuerwehr unserer Altvordern. Als höhenunabhängiges Steiggerät war sie geradezu prädestiniert, Mut und Geschicklichkeit des Feuerwehrmannes zu demonstrieren. Noch heute ist bei Feuerwehrwettkämpfen das Hakenleitersteigen ein Zuschauermagnet ersten Ranges.

Die ersten Hakenleitern sind aus der Mitte des 18. Jahrhunderts bekannt. Ein gewisser De Plazanet führte sie bei der militärisch organisierten Feuerwehr von Paris ein. Dieses damals noch sehr mangelhafte Gerät verbreitete sich sehr langsam. Davon völlig unberührt, erfand der Kaufmann J. Buhl aus Schwäbisch

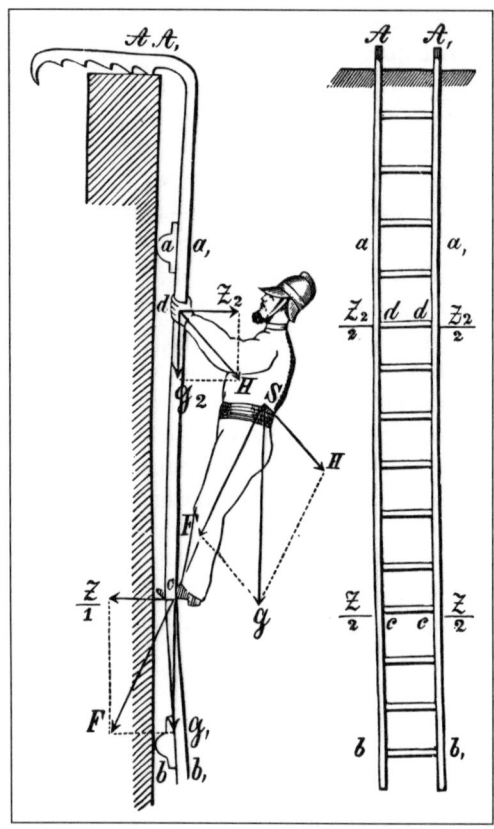

Kräfteverteilung beim Besteigen der Hakenleiter (nach Kellerbauer).

Gmünd die erste deutsche Hakenleiter und ließ sie für die Löschmannschaften seiner Stadt herstellen (1831). Aber der Wert dieser Leiter zeigte sich erst mit dem Erstarken der Turnvereine, aus welchen sich zahlreiche freiwillige Feuerwehren in Deutschland konstituierten. Die Turner in den Feuerwehren, von Hause aus geschickte Leute, trainierten an dieser Leiter das Vorgehen beim Retten und Löschen. Auch die Bauhandwerker, in den meisten Wehren die Stützen der Steigerabteilungen, hatten mit dieser Leiter ein wirkungsvolles Instrument in den Händen. Der Begriff „Steiger" leitet sich von dem ständigen Gebrauch dieser Leiter ab und ist mit ihr untrennbar verbunden. Die Ausbildung an der Hakenleiter wurde bei den Berufs- und freiwilligen Feuerwehren im Zeitraum der Jahrhundertwende zum Pflichtprogramm. Kein Löschfahrzeug, ob pferdegezogen oder später mit Motorkraft, auf dem nicht zumindest eine, meist mehrere Hakenleitern stationiert waren. Geradezu typisch waren die Spritzen der Berliner Feuerwehr mit ihrem Aufbauträger für Hakenleitern.

Der Hang zur Haken- oder auch Sturmleiter erfuhr bei den Feuerwehren der damaligen Zeit einen solchen Stellenwert, daß man ihn schon als überspitzt ansehen konnte. Selbst bei kleinsten Dorffeuerwehren wurde diese Leitern eingeführt, obwohl auf Grund der niedrigen Bauernhäuser für sie gar keine Verwendung bestand.

In der Bauart mußten einholmige und zweiholmige Leitern unterschieden werden. Obwohl die ersten Hakenleitern zweiholmig waren, und in zwei hölzernen Haken endeten, setzte sich der Zweckmäßigkeit wegen ein eiserner Haken durch und endete später in den uns noch bekannten Sägehaken. Es würde zu weit führen, hier über Vor- und Nachteile der beiden Arten zu sprechen, obwohl die Turnerfeuerwehren lieber mit einholmigen Leitern arbeiteten. Ihre Sprossen waren stumpfwinklig zum Holm eingesetzt, was ein Abrutschen des Fußes praktisch unmöglich machte.

Der damals in Feuerwehrkreisen geachtete und hochgeschätzte Prof. Kellerbauer aus Chemnitz publizierte über die Hakenleitern mehrere präzise Abhandlungen. Sein Urteil, auch als Vorsitzender des Prüfungsausschusses für Feuerwehrgeräte, räumte der Hakenleiter trotz einiger Typenkritik einen großen Stellenwert ein.

Wenn zu Anfang der 1850er Jahre durch die neu organisierte Berufsfeuerwehr Berlin der sogenannte Sägehaken aufkam, machte sich andererseits die Leipziger Turnerfeuerwehr um die Verbreitung der einholmigen Hakenleiter verdient. Oft wurde diese deshalb als Leipziger Leiter bezeichnet. Daraus resultierte auch der ausgebogene Karabinerhaken, welcher den Holm umgreifend den Besteiger sicherte. Auch er trug den Namen „Leipziger Karabiner".

Die Dominanz der Hakenleiter in dieser Zeit erklärt sich auch aus der Individualausbildung. Heute, wo der Innenangriff nicht mehr das Nonplusultra darstellt, ist das schon schwer nachzuvollziehen. Ein weiterer Aspekt ihrer Dominanz waren die klaren Vorteile: Jede Höhe mit Einhakmöglichkeit war mit ihr ersteigbar. Selbst zwischen engen Gebäudeteilen konnte man mit ihr operieren. Mit einer Länge von 3,5 bis 4,5 m und einem Gewicht von 11 kg war sie leicht zu handhaben, was das Nachziehen und Einhaken zur nächsten Höhe sehr erleichterte.

Nach der Devise: „Das Einfachste ist oft das Beste", war die Hakenleiter in zahlreichen Situationen das Rettungs- und Angriffsgerät der Feuerwehr. Mit der Motordrehleiter ging ihre Ära zu Ende.

Das alte Spritzenhaus auf dem Lande

Vom Spritzenhaus ging für die Jugend auf dem Dorf immer etwas besonderes aus, etwas nicht alltägliches. Nicht, daß das Gebäude etwa durch seinen äußeren Charakter auffiel, ohne das Feuerwehrsymbol am Giebel war es eigentlich nur eine schlichte Garage mit Satteldach. Aber doch war es im Dorf ein Gebäude mit besonderem Fluidum. Aus gar nicht mal so lang vergangener Zeit rankten sich um diese Häuser verschiedene Geschichten.

Wenn die Feuerwehrmänner dienstlich darin zu tun hatten, standen die Kinder in ehrfürchtiger Scheu am Tor, um einen Blick ins Innere zu erhaschen.

Denn drinnen standen und hingen Geräte für das Außergewöhnliche, für den Ernstfall. Auch alte Uniformröcke mit immer noch blitzenden Knöpfen, die nun als „Schutzbekleidung" abgetragen wurden. Ja, auch etwas Militärisches ging vom Spritzenhaus aus. Wurde dann die TS 6, die jetzt an der Stelle der alten Handdruckspritze stand, im Mannschaftszug herausgefahren, um am nahen Bach auf ihre Funktionstüchtigkeit getestet zu werden, waren die Jugend voll bei der Sache.

Verfolgt man die Zeit etwas zurück, so kann man schließen, seit es in der ländlichen Gemeinde Handdruckspritzen gibt, gibt es auch das Spritzenhaus. Es war ein einfacher dörflicher Gemeinschaftsbau, der einzureihen ist in solche Bauten wie Gemeindebackhaus, Schulhaus, Hirtenhaus, Wirtshaus mit Saal usw. In § 17 der Feuerpolizei- und Feuerlöschordnung für das platte Land der Regierungsbezirke Merseburg, Erfurt und Magdeburg von 1871 heißt es: „Eine jede Gemeinde, welche eine eigene Feuerspritze besitzt, hat auch die Verpflichtung zur Erbauung, Einrichtung und Erhaltung eines Spritzenhauses." Da es zur Anschaffung neuer Feuerspritzen eine Beihilfe der Landes-Feuer-Sozietät gab, war diese Institution an einer Unterbringung derselben natürlich interessiert. Die Gemeindekasse war aber meistens leer, und so baute man nur das nötigste und so billig wie möglich. Der Innenraum war klein und niedrig, gerade so, daß die Spritze hineinpaßte. In vielen Feuerordnungen, ob Stadt oder Land, ist festgehalten: Bei Gewitter soll der Polizeidiener oder Nachtwächter das Spritzenhaus öffnen und die Deichsel in die Spritze setzen. Ein Hinweis auf die räumliche Beschränktheit der Spritzenhäuser. Noch im Jahre 1929 schrieb Branddirektor Frank Leipzig über den Zustand der Feuerlöscheinrichtungen auf dem Lande: „Und braucht man eine Leiter oder

Das alte Spritzenhaus der Gemeinde Saubach (Burgenlandkreis) wird nicht mehr genutzt.

Spritzenhaus der Gemeinde Ammendorf 1861.

Feuerhaken, so rennt man immer noch geschwind zur alten Kirchhofsmauer, wo das Leiterhäuschen und auch zumeist armselige Spritzenhaus zu finden ist." Deutschlands Berufsfeuerwehren, allen voran Berlins, genossen um diese Zeit internationale Ausstrahlungskraft. Aber auf dem Lande ließ Modernität noch lange auf sich warten. Armselig war das Spritzenhaus vielerorts, und es wurde häufig in alter Zeit zweckentfremdet benutzt. Nicht selten diente es der niederen Gerichtsbarkeit als Gemeindegefängnis. Natürlich saß der Delinquent nicht länger als eine Nacht oder einen Tag darin, bis der Gendarm, der häufig mehrere Dörfer zu seinem Dienstbereich zählte, ihn abholte und der Behörde zuführte. Es diente als Übernachtungsmöglichkeit für Landstreicher und wandernde Handwerksburschen. Mancher Zunftbruder wird es sich so auf den Hanfschläuchen „bequem" gemacht haben. Wie frequentiert die Landstraße in damaliger Zeit war, zeigt ein Beleg aus dem Jahr 1884, der manche Landkreise dazu zwang, sogenannte Naturalverpflegungsstationen mit Übernachtung einzurichten, um dem Betteln auf der Landstraße zu begegnen. Aus dem ehemaligen Kreis Eckartsberga ist bekannt, daß 1895 8.016 Personen diese Einrichtungen besuchten. Da diese obengenannten Stationen Einzelfälle waren, gab vielerorts das Spritzenhaus – je nach Laune und Menschlichkeit des Ortsvorstehers – Gewähr für eine wenigstens überdachte Nacht.

Das Spritzenhaus war Abstellraum für allerlei Utensilien, und es wurde sogar als Leichenhalle gebraucht. In der Anweisung über die Aufbewahrung der Feuerspritze und anderer Löschgeräte der Magdeburgischen Land-Feuer-Sozietät vom 1. Juni 1887 steht: „Andere Gegenstände im Spritzenhaus aufzubewahren, Verhaftete oder Leichen in demselben unterzubringen, ist streng zu untersagen." Alle diese genannten Übelstände konnten ihre Ursache natürlich nur darin haben, daß das organisierte Feuerlöschwesen auf dem Lande noch in sehr kleinen Kinderschuhen steckte und Gemeinschaftseinrichtungen, welche verhältnismäßig selten gebraucht wurden, der Vernachlässigung preisgegeben waren. Nicht anders ist auch zu erklären, daß die Landes-Feuer-Sozietäten den Gemeinden Ratschläge für den Bau und die Innenausstattung der Spritzenhäuser erteilten. Regeln, wie trockener Baugrund, gepflasterter Fußboden mit Gefälle zum Tor, Lüftungsöffnungen unter der Decke, Vorrichtungen zum Aufhängen von Löschgeräten und eine funktionierende Schlüsselordnung, waren dabei die Hauptkriterien. Das Spritzenhaus sollte möglichst in der Mitte des Ortes liegen und wöchentlich einmal auf Ordnung und Alarmbereitschaft kontrolliert werden. In der heutigen Zeit ist das alte Spritzenhaus nur noch durch seinen Namen erhalten geblieben und sollte es auch bleiben. Abgesehen von Größe und Modernität unserer jetzigen Gerätehäuser, Feuerspritzen aller Typen stehen auch weiterhin unter dem Dach derselben und deshalb ist die Bezeichnung Spritzenhaus keine abwegige.

Mit 2 PS zum Brandplatz: Das Pferd im Feuerlöschwesen

Das Transportwesen und die Landwirtschaft waren vor der Entwicklung des Explosionsmotors ohne das Pferd nicht denkbar. Vom Militär ganz zu schweigen. So tat das Pferd nicht nur vor dem Pflug des Bauern seinen Dienst, es zog die Handelswagen der Kaufleute genauso, wie auf Treidelpfaden die Flußschiffe. Bau und Bergwerk bediente sich der Kraft der Pferde. Pferdebahnen prägten um damalige Zeit den innerstädtischen Verkehr. Es lag also geradezu auf der Hand, daß es im Feuerlöschwesen um so nötiger war.
Schon im 17 Jh., als man den Dienst der Feuerreiter einführte, um nachbarliche Löschhilfe heranzuholen, baute man auf die Schnelligkeit der Pferde. Zur Kenntlichmachung ihrer Aufgabe, trugen diese Reiter eine rote Kappe und ihre Pferde eine rote Satteldecke. Niemand durfte diese Reiter in Ausübung ihres Dienstes aufhalten. Als sich die Gemeinden fahrbare Handdruckspritzen anschafften, wurden die Besitzer von Pferdegespannen bei Feuer zum Gespanndienst verpflichtet. Zum Transport der Löschmannschaft mußten sie auch sehr oft den Mannschaftswagen gleich mit stellen.
Zum Heranschaffen des Löschwassers mittels Sturmfässern und Wasserwagen konnte man wiederum auf die Mobilität des Pferdes nicht verzichten. Das Pferd als Zugtier fand somit auch schon sehr zeitig in den Feuerlöschordnungen seinen festen Platz.
In einer Anordnung der Berliner Polizeidirektion vom 1. Mai 1743 stand: „Zu jeder Spritze werden drei Bürger bestellt, die ihr Brot mit Pferden verdienen." Berlin besaß zum Beispiel um 1843 38 Feuerspritzen mit Pferdebe-

spannung. Auch das damals übliche Prämiengeld für die erstankommende Spritze, lag bei Pferdezug höher als bei Handzug. Die neuen Berufsfeuerwehren ab 1851 kamen an dem Pferd natürlich erst recht nicht vorbei.

Bei Branddirektor Scabell Berlin heißt es 1851: „Der Transport der Geräte verlangt 77 Gespanne, von denen 68 bei entstehenden Feuer Tag und Nacht erscheinen, 9 aber die nächtliche Feuerwache beziehen müssen." Aus Geldmangel wurden aber nur 32 Gespanne für 6.400 Taler genehmigt. In anderen Städten Deutschlands war es ähnlich. Oft waren die Pferde nicht kommunales Eigentum, sondern wurden durch Fuhrunternehmer für teures Geld der Feuerwehr gestellt. Je nach Anzahl der Pferde, konnten damit bis zu 4.000 Reichsmark jährlich verdient werden. In der ländlichen Gemeinde blieb dagegen die kostenlose Gespannverpflichtung erhalten.

Interessant ist ein Blick auf den Pferdebestand einiger Berufsfeuerwehren in ihrem Anfangsjahr. So hatte 1747 die Berufsfeuerwehr Paris 130 Pferde, Berlin 1851 118 Pferde, Petersburg 1860 420 Pferde, London 1866 131 Pferde und New York 1868 368 Pferde. Die Industrialisierung forcierte den Aufschwung vieler deutscher Städte, was als Folgeerscheinung die Gründung neuer Berufsfeuerwehren nach sich zog. Das bedingte natürlich den Bau neuer, den Feuerwehrbedürfnissen entsprechender Gebäude. Die zweckmäßige Unterbringung der Pferde, verbunden mit ständiger Alarmbereitschaft, spielte da-

Neue Spritze für die FF Ammendorf 1907.

125

Die hallesche Südwache präsentiert ihre Pferde.

bei eine nicht unwesentliche Rolle. Gab es Anfang noch die Ställe abseits der Fahrzeughalle, so änderte sich das im Sinne der Ausrückezeit bald. Pferde und Spritze in einem Raum mit Box war das Naheliegende. Standen früher die Pferde ständig unter Geschirr, was für die Tiere sehr belastend war, sorgten später sogenannte Geschirraufhaltevorrichtungen über der Deichsel für schnelles Anspannen. Da die inneren Zugstränge schon befestigt waren, beschränkte sich das Anschirren nur auf das Einbissen (Gebiss einlegen), Brustblatt schließen, Leine kreuzen und äußeren Zugstrang einhängen. Ausrückezeiten von 1 1/2 Min. waren durchaus normal. Vor der Alarmfahrt wurde die Geschirraufhaltevorrichtung vom Fahrer an die Decke der Fahrzeughalle gezogen. Die Pferde als gelehrige Tiere, stellten sich bei Ertönen des bekannten Alarmsignales oft selbständig neben die Deichsel. Auf der Südwache in Halle/Saale (1908), die zur damaligen Zeit zu den modernsten in Europa zählte, öffneten sich bei Alarm die Türen der Boxen elektrisch und die Ausrückezeiten der Gespanndampfspritze wurde automatisch über eine Ausrückestopvorrichtung festgehalten. Beizeiten versuchte man auf den Wachen, das Verhältnis Mensch–Tier so harmonisch wie möglich zu halten. So lag die Fahrerstube meistens neben den Boxen. Jeder Fahrer hatte sich mit den Eigenheiten seiner Pferde vertraut zu machen. Nach jeder Fahrt gehörte es zu seinen Pflichten, Geschirr und Hufbeschlag zu kontrollieren. War er zu Stallwache eingeteilt, übernahm er den Status eines Postens, durfte den Stall nicht verlassen und war berechtigt, unbefugte Personen abzuweisen. Erkrankung von Pferden oder andere Unregelmäßigkeiten, waren dem Vorgesetzten sofort zu melden. Auf der Brandstelle blieb der Fahrer nach der Ausschirrung zur Aufsicht bei seinen Tieren, was sich im Lärm bei einem Feuer sehr beruhigend für sie auswirkte. So war das Pferd in dieser Zeit die einzige Gewähr für ein schnelles Ankommen auf der Brandstelle. Selbst Motorspritzen wurden noch von Pferden gezogen. Man sollte nicht vergessen, daß die damalige Feuerwehr ihren Ruf als schnelle Truppe nicht zuletzt auch dem Pferd zu verdanken hatte.

Per Fahrrad zum Feuer

Auch in der heutigen automobilgeprägten Zeit ist das Fahrrad als Verkehrsmittel nicht wegzudenken. Auf Grund des expandierenden innerstädtischen Verkehrs hat das Fahrrad als wendiges und somit schnelles Kommunikationsmittel (Fahrradkurier) eine neue Qualität erhalten. Und so mancher überzeugte Autofahrer hat als Alternative ein Klappfahrrad an Bord. Auch territoriale Gegebenheiten einiger Länder (Niederlande usw.) machten das Fahrrad zum Fortbewegungsfaktor ersten Ranges. Auch im aufstrebenden Feuerlöschwesen (ca. 1900) fand das Fahrrad bald seine Verwendung.

Die Erkenntnis von heute, welche das Fahrrad als „verkehrsgeschmeidiges" Gefährt in den Blickpunkt rückte, gab es aus ähnlichem Grund schon früher. Wenn es damals auch noch keine Verkehrsdichte gab, so hat man doch die Vorteile des Fahrrades in vielen Situationen erkannt. Um die Jahrhundertwende waren in den Berufsfeuerwehren den Löschzügen Vorausradfahrer zu-

Die FF Ammendorf 1900, ein Jahr nach ihrer Grundung.

Bestimmungen über das Radfahren im Feuerwehrdienste.

Bericht
an den verehrlichen Ausschuß des
Bad. Landes-Feuerwehr-Vereins.

Die Einführung des Fahrrades im Feuerwehrdienst betr.

Nachdem das Fahrrad nunmehr auch in den Feuerwehrdienst übergegangen und bereits bei einer großen Anzahl von Feuerwehren schon vielfache Verwendung gefunden, habe ich es für notwendig erachtet, dem verehrlichen Landesausschuß der bad. Feuerwehren ein Statut vorzulegen, in welchem die nötigen Bestimmungen niedergelegt sind, wie dasselbe überhaupt in Aussicht genommen, um den betreffenden Radfahrer bei einem Unfall seitens der Feuerwehr-Unterstützungs-Kasse eine entsprechende Entschädigung schadlos gehalten werden dürfte.

Ich ersuche die verehrten Herren Kollegen das betr. Statut einer eingehenden Prüfung zu unterwerfen und demnächst Ihre Zustimmung resp. Ihre Genehmigung erteilen zu wollen.

Säckingen, den 18. Juli 1900.

Otto Bally.

Bestimmungen über das Radfahren im Feuerwehrdienste.

(es folgt der in Fraktur gesetzte Gesetzestext mit den Paragraphen §§ 1–10)

Amtliche Bestimmungen über Fahrräder bei der Feuerwehr (1900).

geteilt. Sie hatten unter anderem die Aufgabe, zu dem Alarm gebenden Feuermelder zu fahren, um die Einsatzstelle zu ermitteln. Vor allem in der Zeit der Pferde- und Dampffeuerspritze konnte das von keinem anderen Fahrzeug so schnell erledigt werden. In anderen Wehren fuhr der Feuerwehrradfahrer sofort zur Brandstelle, um die Sachlage zu erkunden und um den nachkommenden Kommandanten mit der Brandsituation vertraut zu machen. Oftmals fuhr dieser Vorausfahrer auch dem Löschzug entgegen, um ihm den Weg zu weisen. Die damals noch in den Anfängen stehende Feuertelegraphie war oft durch Nebenschlüsse gestört.

Diese Störungen aufzufinden, zu beseitigen und Probealarme durchzufahren, war die Aufgabe von Feuerwehrradfahrern, welche dabei von Melder zu Melder fuhren.

Für den Erstangriff gab es im Zeitraum 1899 sogar vierrädrige Mannschaftsfahrräder, welche mit 3 Feuerwehrmännern besetzt waren (bekannt aus Basel). Als Angriffsgeräte wurden mitgeführt: Rückenkübelspritze, kleine Schlauchhaspel mit Strahlrohr und diverse Werkzeuge. In der Übergangszeit, Dampfkraft-/Explosionsmotor, konnten diese Vorausfahrzeuge auf Grund ihrer schnellen Verfügbarkeit und Marschgeschwindigkeit so manchen Entstehungsbrand löschen.

Im Jahre 1903 brachten die Gebrüder Graaff in Berlin den konischen Minimax-Naßlöscher auf den Markt, im Volksmund Zuckertüte genannt. Die 1905 gelieferten Löscher vom Typ „F" (Spezialausführung für Feuerwehr), konnten je nach Art des Entstehungsbrandes mit Voll- oder Sprühstrahl in Aktion gesetzt werden (Vollstrahlweite ca. 14 m). Mit diesen Löschern ausgerüstet, auf Fahrrädern gehaltert, präsentierte sich im Zeitraum 1920 in zahlreichen Wehren der sogenannte Minimax-Stoßtrupp. Auch wenn sich dieser Fahrradstoßtrupp für die heutige Zeit etwas kurios ausnimmt, hatte er durchaus seine Berechtigung.

Der Name „Minimax" (mit minimalen Mitteln den maximalen Erfolg erzielen) ist in Kombination auch auf den Einsatz von Fahrrädern als Transportmöglichkeit anzuwenden. Motorsirenen als Alarmierungsmittel ließen in der ländlichen Gemeinde oftmals lange auf sich warten. So fuhr der Feuerwehrhornist mit dem Fahrrad durch Straßen und Gassen und blies Feueralarm.

Der Minimax-Stoßtrupp auf dem Fahrrad (Feuerwehrmuseum Grethen).

Ein trauriger Anlaß ließ den Radfahrer bei der Feuerwehr noch einmal 1945 in Berlin auf den Plan treten. Ab dem 24. Februar 1945 mußte vor jeder ausrückenden Löscheinheit ein Erkundungsradfahrer die Nachfolgenden vor den überaus zahlreichen Bombentrichtern warnen.

Die neue Kraft: Dampffeuerspritzen im Feuerlöschwesen

Als 1765 mit der ersten doppelt wirkenden Niederdruckdampfmaschine des britischen Ing. James Watt das sogenannte industrielle Zeitalter eingeleitet wurde, waren auf dem Gebiet der Dampfkraftnutzung schon eine ganze Reihe von Vorleistungen erbracht worden.

Bereits in der Antike machte Heron von Alexandrien mit seiner Erfindung der „Aeolopile", einer drehbaren Kugel über einem beheizten Kessel, die das Prinzip der Rückstoßdampfturbine voraus hatte, und dem sogenannten Heronsball von sich reden. Im Jahre 1712 baute der englische Schmied Thomas Newcomen eine atmosphärische Dampfmaschine zur Wasserförderung in Bergwerken, auf deren Basis die Wattsche Entwicklung beruhte. Die Erleichterung der menschlichen Arbeit durch die neue Kraft Dampf, welche nun zur Wind- und Wasserkraft und natürlich auch zur Muskelkraft hinzukam und diese weitgehendst ablöste, machten sich noch viele andere Persönlichkeiten zur Aufgabe. 1776 I. Hornblower, 1798 R. Trevithick, 1804 A. Wolff, um nur einige zu nennen.

Natürlich gab es auch im Feuerlöschwesen Bemühungen, die Dampfkraft zu nutzen. So arbeitete im Jahre 1822 der in Wien lebende Ungar Paul Szabo mit seinen Söhnen an Versuchen, Dampf zum Betrieb von Feuerspritzen zu verwenden. Sie erhielten als Ergebnis ihrer Arbeit das Patent auf eine neue Wasserspritze, die durch Dampfkraft angetrieben wurde. Der größte Verdienst gebührt aber dem schwedischen Ing. Captain John Ericsson, welcher Teilhaber der Maschinenfabrik Braithwaite in London war. Er setzte 1828 eine von Braithwaite gebaute Dampfpumpe mit stehenden Kessel und Anfachgebläse auf ein Wagengestell und entwickelt damit die erste fahrbare Dampffeuerspritze. Eine wichtige Bewährungsprobe bestand eine Dampfspritze von Ericsson 1830 bei strengem Frost. Als bei einem Großfeuer sämtliche Handdruckspritzen einfroren, arbeitete besagte Spritze ohne Störung 5 Stunden durch. Die weltweit dritte Dampffeuerspritze lieferte Ericsson 1832 zum Schutz des Königlichen Schlosses nach Berlin. Extra zu diesem Zweck wurden an der Spree ortsfeste Saugrohre verlegt.

Dampffeuerspritze für Pferdezug (um 1900).

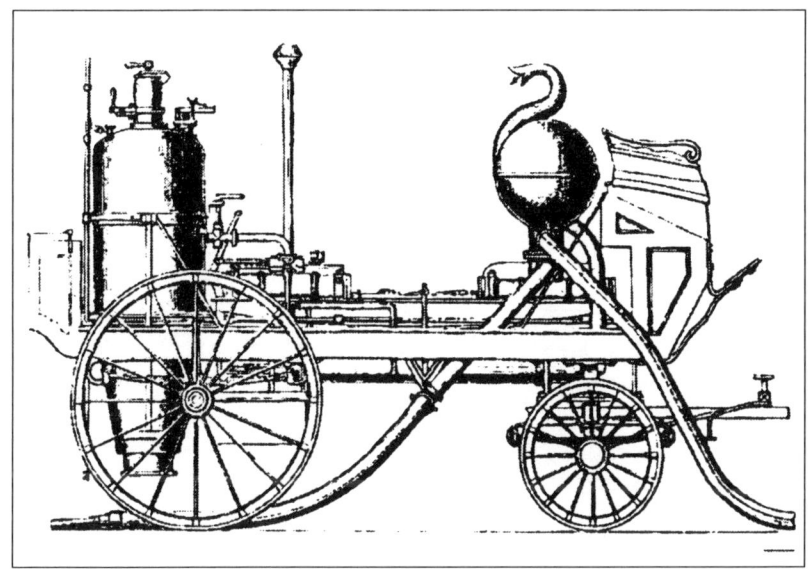

Erste fahrbare Dampfspritze von Ericsson (1828).

In Deutschland baute 1863 die Firma Egestorff in Hannover die erste Dampffeuerspritze. Es folgen dann im Laufe der Zeit alle bekannten deutschen Feu-
erwehrgerätehersteller, wie z.B. Jauck (Leipzig), Braun (Nürnberg), Ewald
(Küstrin), Flader (Jöhnstadt), Koebe (Luckenwalde), Magirus (Ulm). Die
bekannteste und leistungsfähigste Dampffeuerspritze stellte Busch in Baut-
zen her. Auch in anderen Staaten machte der Dampffeuerspritzenbau von sich
reden. Doch wie bei allen Neuerungen gab es auch Gegner dieser Technik.
1864 mußte eine Dampfspritze in Frankfurt a. M. gegen zwei Handdruckspritzen zu einem Wettstreit antreten, um zu beweisen, daß sie leistungsstär-
ker war.
Aus New York wurde damals bekannt, daß bei einem Brand 1860 die Feuerwehrmänner alle ihre Strahlrohre auf den Kamin der Dampfspritze richteten,
damit das Feuer ausging und die Spritze keine Verdienste um die Löscharbeiten
hatte. Die enormen Kosten einer Dampfspritze (11.000 bis 35.000 Mark) waren bis auf wenige Ausnahmen der Grund, daß sich nur Berufsfeuerwehren der
großen Kommunen eine solche leisten konnten. Die Wartung und Bedienung
durch Fachpersonal und natürlich deren Ausbildung kam noch hinzu. Die
Feuerwehren schickten ihre Maschinisten (Heizer) deshalb oft zur Eisenbahn,
damit diese dort die nötige Praxis erhielten.

Abbildung der Dampfspritze, die 1832 nach Berlin verkauft wurde.

Um die Jahrhundertwende wurden dann auch selbstfahrende (automobile) Dampfspritzen hergestellt, welche mit einer Alarmgeschwindigkeit von 30 km/h die Anmarschzeit zum Brandplatz wesentlich verkürzten. Sie hatten im Vergleich mit pferdegezogenen Vorgängern erheblich kürzere Anheizzeiten. Die Löschwasserförderung von 2.000, ja manchmal sogar 3.000 Litern pro Minute war keine Seltenheit. Auf verschiedenen Wachen wurden die Dampfkessel im Depot von einer stationären Anlage vorgeheizt und so stets unter Druck gehalten. Während der Fahrt und an der Einsatzstelle betrieb man sie durch Petroleum oder Kohle weiter. Als auf der „Internationalen Ausstellung für Feuerschutz und Rettungswesen" im Jahre 1901 Branddirektor Reichel, Chef der Berufsfeuerwehr Hannover, den ersten automobilen Löschzug der Welt vorstellte, war darunter auch eine selbstfahrende Dampfspritze, welche als Starthilfe komprimiertes Kohlendioxid zur Verfügung hatte. Diese vollgummibereifte Dampffeuerspritze galt als das „Nonplusultra" der Ausstellung. So gehörten die Dampffeuerspritzen lange Zeit mit ihren blitzenden Messingverkleidungen und Rohren zum neuesten Technikstand der Feuerwehren, bis die aufkommenden Motorspritzen mit ihren Explosionsmotoren ihnen ein Ende setzten. Bei manchen Feuerwehren wurden sie aber als zuverlässige Einsatzreserve noch lange in Bereitschaft gehalten. In vielen Feuerwehrmuseen stehen diese

Dampffeuerspritzen, noch im tadellosen Zustand erhalten, als technische Relikte einer Zeit, in der die Dampfkraft revolutionäre Akzente setzte.

Das Löschwasser von der Straße

Mit dem Einbau von Hydranten in die städtische Wasserleitung rückte die Wasserentnahmestelle für die Feuerwehr in fast unmittelbare Nähe der jeweiligen Brandstelle. Wo der Brand in der Stadt nun auch ausbrach, der Hydrant verkürzte die Zeit der Löschwasserbeschaffung ungemein. An besonderen Schwerpunkten wurden mehrere Hydranten installiert.

Diese Maßnahmen waren aber nur bei Existenz eines städtischen Wasserwerkes möglich. Im Zeitraum von 1850 bis zur Jahrhundertwende gingen zahlreiche dieser Wasserwerke in Betrieb, im heutigen Sachsen-Anhalt etwa 1859 in Magdeburg und 1868 in Halle/S. Diese Wasserwerke, welche ihre Pumpen mit Dampfkraft betrieben, waren die Nachfolger der so genannten Wasserkünste, die noch auf Naturkräfte (Wind, Wasser) angewiesen waren. Durch die Einführung der Dampftechnik war bereits der Ersatz der hölzernen Rohre durch eiserne oder gußeiserne Rohre erfolgt. Diese neuen Rohrleitungen

Hydrantenwagen um 1900.

machten es möglich, auf ihnen Hydranten anzuflanschen. In einigen Städten, wie Magdeburg, blieben aber noch einige Zeit die alten Entnahmestellen (Feuerpfähle, Kunstpfähle) parallel in Benutzung.

Natürlich ist das damals in den Anfängen befindliche Leitungssystem, der Wasserdruck und die Wasserreinheit nicht mit heute zu vergleichen. Oft verschlammte das zu dieser Zeit übliche Verästelungssystem wegen zu geringem Druck und Fließbewegung, so daß es für Feuerlöschzwecke nur bedingt oder gar nicht in Frage kam. Aber auch bei Hydrantenbetrieb aus sauberen Leitungen war die Feuerwehr oft gezwungen, zusätzlich Wasserwagen zur Versorgung der Handdruckspritze einzusetzen, weil Wassermenge und Druck nicht ausreichten. Genügten die damals üblichen 55-mm-Hydranten für Handpumpenbetrieb kaum, ging man in der Dampfspritzenzeit zu 100 mm über. Diese wurden in Leitungen mit sehr guter Wasserlieferung eingebaut. In zahlreichen Berufsfeuerwehren forderte man seinerzeit wegen der besseren Auffindbarkeit (Winter, nachts)

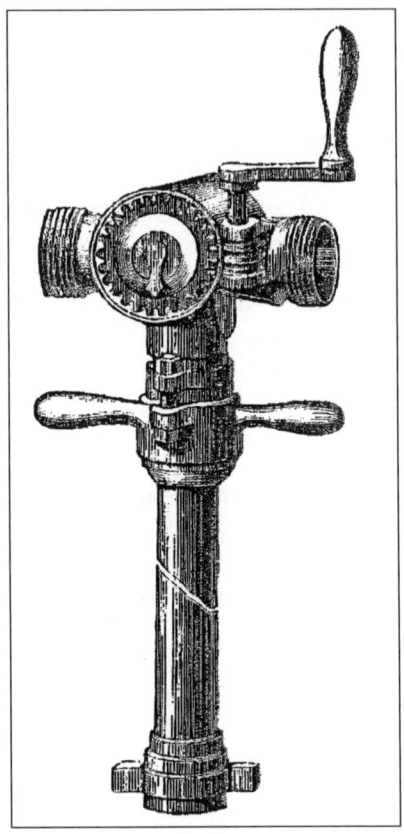

Steigrohr, Standrohr um 1877. Der Gewindeschieber verhindert ein ruckartiges Schließen und Öffnen.

und Bedienbarkeit grundsätzlich Überflurhydranten. Diese Forderungen wurden aber aus Bau- und Kostengründen nie zufriedenstellend erfüllt.

Da die Wartung der Hydranten je nach lokaler Bestimmung in den Händen des Wasserwerkes lag, stellte dieses auch gleich einen so genannten Standrohrmann für die Feuerwehr ab. Er war durch besondere Zeichen in seiner Funktion kenntlich gemacht. In Magdeburg trug der Verantwortliche im Jahre 1884 einen weißen Helm. Später wurden die Hydranten dann grundsätzlich von Feuerwehrleuten bedient. Die erste Abbildung eines Straßenhydranten überhaupt, stammt aus einer 1762 in London erschienen Schrift. Als Überflurhydrant erkennbar, speist er über einen Zubringerschlauch eine Handdruckspritze.

Die ersten Hydranten in Deutschland sind 1841 aus Hamburg bekannt geworden. Die Frage war, ob der Leitungsdruck in den Anfängen nur zum Füllen des Wasserkastens der Spritze reichte, oder ob er schon den Löschangriff direkt vom Hydranten zuließ. Magirus schrieb 1877, darauf Bezug nehmend, daß ein Leitungsdruck von 5 Atmosphären völlig ausreichend sei. In einem Bericht über das Löschwesen der Stadt Halle heißt es für das Jahr 1868: „dass die nun zahlreichen Hydranten in leichter Weise den direkten Angriff auf das Feuer zuließen." In Magdeburg beklagte man sich aber wenige Jahre später über „die beträchtliche Zeit der Inbetriebnahme der Hydranten" (Unterflur) und brachte deshalb als Überbrückungsmaßnahme Löschwasserwagen für den Erstangriff mit.

Die mit der Zeit immer besser werdenden Möglichkeiten, vom Hydranten aus anzugreifen, ließ bei der Feuerwehr ein neues Gefährt entstehen: den Hydrantenwagen. Er war zumeist zweirädrig für Handzug eingerichtet und mit folgenden Geräten bestückt: Standrohr, Standrohrschlüssel, 200-m-Schlauch, Strahlrohr, Laterne, Schaufel, Hacke, Besen und Werkzeugkasten. Einige Kommunen, wie die sächsische Stadt Chemnitz 1890, richteten im Stadtgebiet mehrere Hydrantenstationen ein. Von ihnen sollte ein schneller Erstangriff mit den Hydrantenwagen möglich sein. In den Feuerwehren konstituierten sich die Hydrantenabteilungen, welche oft mit einem großen „H" am Helm gekennzeichnet waren.

Heute stellen die Hydranten, gleich welcher Bauart, eine sichere und effektive Art der Löschwasserentnahme dar.

Mundschwamm, Rauchhelm, Feuertaucher: Die Anfänge des Selbstschutzes

Die Begleiterscheinungen eines Brandes – Rauch, Hitze, giftige Gase – machten die Bekämpfung eines Schadenfeuers vor Inkrafttreten eines wirksamen Atemschutzes immer zum Problem. Solange noch die Wenderohrhanddruckspritze in Gebrauch war, die ohnehin nur das Spritzen von der Straße aus gestattete, war die Gefahr gering. Als aber nach der Erfindung der Druckschläuche der Innenangriff möglich wurde, war die unmittelbare Nähe zum Feuer hergestellt. Der Löschmann kam nun mit lebensbedrohenden Medien in Berührung. Vor allem, wenn es galt, Personen zu retten. So war er immer derselben Gefahr ausgesetzt, wie der zu Rettende. Die Unkenntnis in früher Zeit, über die Gefahren einer unvollkommenen Verbrennung, der Stichflammenbildung oder von total verqualmten Räumen, führte in häufiger Zahl zu schweren Vergiftungen, Verbrennungen und zum Tode. Die Wirkung eines mit

Der sogenannte Feuertaucher (um 1890).

Wasser oder Essig getränkten Tuches (Schwammes) vor Mund und Nase, wurde lange Zeit überschätzt. Diese Behelfsmittel hielten eben nur grobe Schwebstoffe zurück. Gegen Brandgase waren sie völlig ungeeignet. Aus der Hilflosigkeit heraus wurden sie aber immer wieder benutzt nach der Devise: „Besser als nichts." Selbst ein Magirus schreibt 1877 in seinem berühmten Buch „Das Feuerlöschwesen in allen seinen Teilen", daß ein nasses Tuch oder Schwamm völlig „genügend" seien.

Um dem Übel abzuhelfen, wurden um diese Zeit eine ganze Reihe von sogenannten Rauchapparaten, Rauchhelmen und Hauben erfunden. Unter ihnen fand man schon durchaus sinnvolle Konstruktionen. Sie unterteilen sich in Rauchapparate, welche die Luft von außen zugeführt bekamen. In Rauchapparate, welche Luft mitführten und Apparate, welche durch Filteratmung funktionierten. Fest steht, so phantasievoll manche dieser Erfindung auch waren, in einigen findet sich die Grundidee des heutigen Preßluftatmers wieder. So zum Beispiel bei dem 1862 von Major Martoni erfundenen „Respirationsapparat" (Atmungsapparat). Aus einer auf dem Rücken zu tragenden Blechflasche mit komprimierter Luft wurde über einen Schlauch die Kopfhaube versorgt. Auch gab es Apparate, bei denen die ausgeatmete Luft durch einen zweiten Schlauch wieder in den Luftbehälter zurück ging. Dadurch verschlechterte sich die Atemluft bei längerer Dauer immer mehr.

Wie schon erwähnt, gab es auch Rauchhauben, welche durch Filteratmung funktionierten. Vor Mund und Nase befand sich ein büchsenartiger Filtersatz, bestehend aus Schichten von Glyzerin getränkter Baumwolle, Holzkohle und Ätzkalk. Schon 1785 hatte der Franzose de Roziers das erste Saugschlauch-Atemschutzgerät hergestellt. Bestehend aus Nasenmaske, gefirnisten Taftschlauch, erfolgte die Ausatmung durch den Mund. Es wurde später durch ein

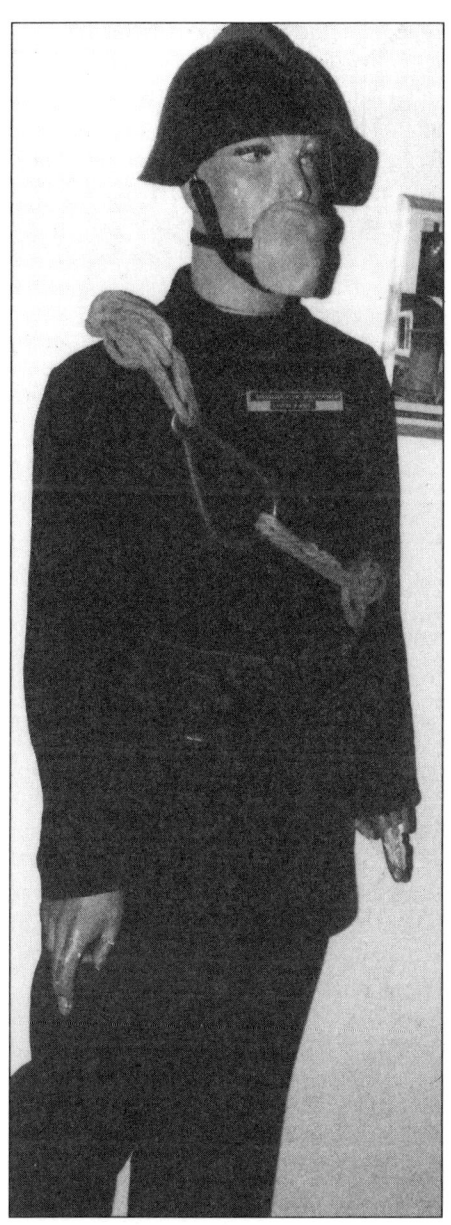

Schweizer Feuerwehrmann mit Mundschwamm um 1890 (Feuerwehrmuseum Grethen).

Ein- und Ausatemventil sowie einer Rauchbrille mit Nasenklemme verbessert. Eine geniale Erfindung mit dem Vorläufer des Lungenautomaten machte 1860 der Bergingenieur Rouquayrol in Paris (1866 in den USA patentiert). Einen weiteren Schritt zur Verbesserung des Atemschutzes gelang 1895 Rudolf Horner in der Schweiz. Selbst Feuerwehrmann erfand er das erste Sauerstoffbehältergerät mit Dosierventil und Druckminderer (Sauerstoffmenge 500 l). Alle diese Erfindungen wurden, wenn überhaupt, nur regional angewendet. Sie wurden oft, wie bei allen Neuerungen mit Skepsis betrachtet.

Ein Rauchschutzapparat war aber um diese Zeit (Jahrhundertwende) bei fast allen Berufsfeuerwehren in Gebrauch. Es war der Rauchschutzapparat „System König". Besser bekannt als Königs Rauchhelm. Eine außerhalb der Gefahrenzone stehende Person drückte mit einem doppelt wirkenden Blasebalg Luft über einen Schlauch in die geschlossene Haube des Einsatzmannes. Durch diese ständige Luftzufuhr wurde das Eindringen von Brandgasen durch Druck verhindert. Gleichzeitig diente die Luftleitung als Sprechverbindung. Der geringe Aktionsradius des Luftschlauches und die erschwerte Bewegung stellten einen wesentlichen Nachteil dieses Systems dar.

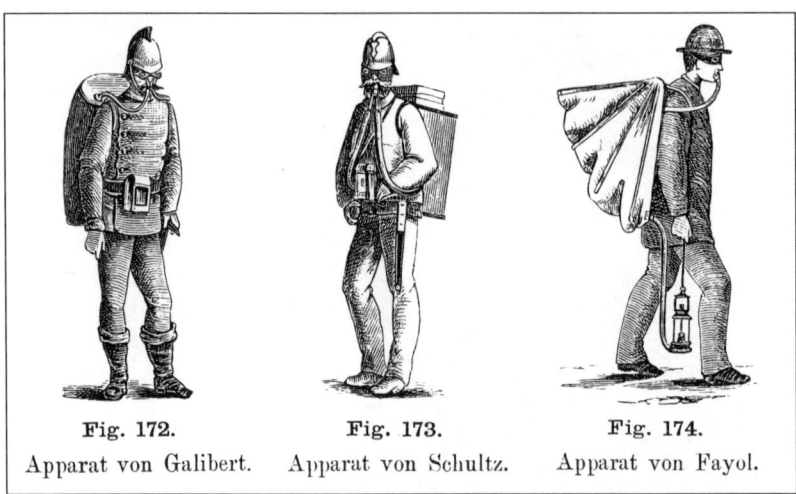

| Fig. 172. | Fig. 173. | Fig. 174. |
| Apparat von Galibert. | Apparat von Schultz. | Apparat von Fayol. |

Darstellung verschiedener Rauchschutzapparate (um 1877).

Nun war der Schutz der Atemorgane vor Gasen die eine, der des Körpers vor Wärmestrahlung, die andere Seite. Schon im Jahre 1828 ließ Professor Aldini in Florenz einen Asbestanzug herstellen, mit Kopfhaube und Drahtgeflechtsmaske. Viel Aufsehen machte der um die Jahrhundertwende auftretende „Feuertaucher". Die mehr kuriose als brauchbare Einrichtung funktionierte wie folgt: Der Einsatzmann steckte in einem wasserdichten Anzug, welcher ein Helm mit Besprühungsanlage abschloß. Der Sprühkranz auf dem Helm wurde durch eine Leitung vom Druckschlauch abgehend gespeist. Die Luftzuführung erfolgte nach System König. Enorme Wärmestrahlung erschwerte sehr oft bei spezifischen Bränden das Herangehen. Darauf abgestimmte Schutzkleidung gab es noch nicht. Bei vielen Feuerwehren kam deshalb ein Asbestschutzschirm in Anwendung. An die Feuerfront herangetragen, konnte dahinter stehend der Rohrführer den Brand durch eine Öffnung bekämpfen.

Der Weg zu den heutigen, absolut sicheren Preßluftatmern, verbunden mit Maske, Hitzestrahlenschutzanzug, Chemikalienschutzanzug, wäre ohne alle obengenannten Vorleistungen nicht möglich gewesen.

Schwanenhals, Wenderohr, Monitor

Wenn wir heute bei Großbränden den Einsatz von Wendestrahlrohren und Monitoren sehen, denkt niemand daran, daß dabei mit den ältesten Löschwas-

Schwanenhalsfeuerspritze um 1620 (Feuerwehrmuseum Fulda).

serauswurfvorrichtungen gearbeitet wird. Wenn man einmal von den einfachen Hand- und Eimerspritzen absieht, gab es das Wenderohr schon, als an das Schlauchrohr als frei zu handhabende „Spritze" noch nicht zu denken war.

Das erste Wendestrahlrohr stammt zweifelsfrei aus der Antike. Schon im Jahr 110 v. Chr. beschreibt der griechische Gelehrte Heron von Alexandrien in seinem Buch über hydraulische und pneumatische Apparate sogenannte Siphonen zum Löschen von Bränden. Abgebildet ist darin eine tragbare, zweizylindrische Wasserpumpe aus Bronze mit Wasserbehälter. Auf einer Verbindungsleitung der Zylinder sitzt das Wendestrahlrohr. Somit war es von der Wasserpumpe zur Feuerspritze nur ein kleiner Schritt. Das Wendestrahlrohr war in der Lage, einen gezielten und gebündelten Wasserstrahl aus gewisser Entfernung auf das brennende Objekt zu leiten. Gegenüber dem Löscheimer und der Handspritze bedeutete das einen gewaltigen Fortschritt. Leider sind Berichte über Löscheinsätze mit der neuen Spritze aus jener Zeit nicht bekannt.

Erst nach 1453 gelangte diese Technik nach Deutschland. Als im Mai jenen Jahres Konstantinopel, die Hauptstadt des oströmischen Reiches, von den Türken erobert wurde, konnten u.a. Bücher über technische Geräte nach Italien gerettet werden. Von dort aus gelangten die Nachrichten von den antiken Erfindungen ins weitere Europa.

Da über das Aussehen der ersten Feuerspritze Deutschlands (Platner, Augsburg) von 1517 Zweifel bestehen, datieren die ersten zuverlässigen bildlichen Darstellungen einer Wenderohrhanddruckspritze in das Jahr 1614. Damals erschien in Leipzig ein Buch von Zeising mit dem Titel „Theatrum machinarum", in dem eine solche tragbare Löschmaschine auf Rädern und Schleifen abgebildet ist. Der Volksmund nannte die nun gebauten Spritzen, wegen des gebogenen Wenderohres, auch Schwanenhälse. Diese Maschinen waren große, unförmige Gerätschaften, welche durch die direkte Verbindung von Auswurfsrohr und Zylinder immer nur den Außenangriff zuließen. Die Möglichkeiten der Richtungsänderung des Rohres (rechts, links, auf, nieder) prägte den Namen Wendestrahlrohr.

Die Nachteile des Außenangriffs brachten 1663 den Artillerieoffizier Furttenbach aus Ulm auf den Gedanken, kleine tragbare Wenderohrspritzen für den Innenangriff zu propagieren. Diese Idee setzte sich aber nicht durch.

Die revolutionäre Erfindung der Druckschläuche im Jahr 1673 ließ die Ära des Wendestrahlrohres langsam zu Ende gehen – langsam, denn es behauptete noch lange Zeit hartnäckig seinen Platz. So lautete zum Beispiel auf dem III. Deutschen Feuerwehrtreffen in Stuttgart 1855 das Hauptthema: „Die Beseitigung des Wenderohres an der Feuerspritze".

Das direkte Herangehen an den Brandherd ermöglichen heutzutage Schlauch und Strahlrohr. In der modernen Industriegesellschaft feierte das Wendestrahlrohr als tragbares und fahrbares, flexibles Löschgerät seine unverhoff-

Kanadisches Wendestrahlrohr (1980).

te Renaissance. Es wurde zum Standardgerät einiger Werkfeuerwehren, vor allem in der chemischen Industrie. Neue brennbare Medien, ungeheure Wärmestrahlung, Gasausbrüche usw. machten es nötig, große Wassermengen aus Sicherheitsabständen zum Einsatz zu bringen. Zum Löschen von Kolonnenbränden (Destilationskolonnen in der chemischen Industrie), Kühlen von Tanks ist das Wendestrahlrohr auch durch seine große Wurfweite geradezu prädestiniert. Das von Jöhstadt seit 1970 gelieferte Wenderohr WR 305 T war in der Lage, mit Mundstück 25 und 8 bar 1.150 l/min Wasser auszuwerfen. Der Alco-Handrad-Monitor HR 471 schaffte 3.200 l/min.

Nicht selten wurde das Wendestrahlrohr gegen die Brandausdehnungsrichtung auch im Innenangriff eingesetzt. Durch seinen stabilen Stand kann es von dem Bedientrupp bei Gefahr jederzeit verlassen werden, ohne die Wasserförderung einzustellen. Auch Schaumeinsätze wurden mit dem Wenderohr möglich.

Die Tanklöschfahrzeuge heutiger Ausführung sind, vom Wasserpotential abgesehen, nichts anderes als die alte Kombination von Wenderohr und Fahrzeug. Von dem großen Aktionsradius des Wenderohrs überzeugt, führten es zahlreiche Feuerwehren nicht strukturmäßig auf ihren Löschfahrzeugen mit.

Heute gibt es eine große Palette von trag- und fahrbaren Wasserwerfern, welche enorme Wassermengen (bis zu 20.000 l/min) zum Einsatz bringen können. Früher in fester Verbindung mit Zylinder und Windkessel ist aus einem einstig gebundenen Auswurfsystem, dank der Druckschläuche, ein der Notwendigkeit entsprechendes variables Großlöschgerät geworden.

Benzinbrände in der Gewalt des Menschen

Obiger Titel erschien 1908 in der von Reutlinger herausgegebenen Wochenschrift für den modernen Brandschutz, und er klang wie eine Erlösung. In der Tat war das Schaumlöschverfahren, über das hier berichtet werden soll, zum Beherrscher aller feuergefährlichen Flüssigkeiten geworden. Der rapide Aufschwung der Motorindustrie lief parallel mit dem Verbrauch großer Mengen Mineralöl. Gewaltige Öltanks als Speicher standen in allen Regionen Deutschlands. Damit war auch eine neue, nicht unerhebliche Gefahr entstanden. In Feuerwehrkreisen wußte man wohl, daß im Brandfalle diesen Medien nicht mit Wasser beizukommen war. Der Brand der Vakuum-Öl-Companie in Hamburg, eines Petroleumtanks in Harburg sowie der Benzintanks in Blexen, um nur einige zu nennen, war allen noch in bester Erinnerung. Vor allem wegen der Hilflosigkeit, ja Unmöglichkeit der herkömmlichen Löschmaßnahmen. Von dem wirtschaftlichen Schaden, verbunden mit den Gefahren für die Umgebung, gar nicht zu sprechen. So stellte das in den Anfängen stehende Schaum-

Flüssigkeitsbrände

— auch größten Ausmaßes — werden schnell
und sicher gelöscht mit dem

Werner-Schaumerzeuger
System FOAMITE

Begutachtet vom Reichsverein Deutscher Feuerwehringenieure

Besondere Vorzüge:

Ueberraschend geringes Gewicht
(von **1 Mann** tragbar)
Einfachste Handhabung
Keine Regulierorgane und sonstige
bewegliche Teile
Geringster Raumbedarf
Große Leistung
Ueberlegene Schaumbeschaffenheit
Niedriger Anschaffungspreis

Man verlange Druckschrift F 1 und unverbindliches Angebot

Werner Handelsgesellschaft
Düsseldorf

Verkaufsanzeige für Schaumlöscher.

löschverfahren schon eine wirksame Maßnahme dar. Der Beginn des Löschmittels Schaum datiert auf das Jahr 1877. Damals ließ sich der Brite Henry Johnson das Patent Nr. 560 im britischen Patentamt eintragen. Johnson hatte erkannt, daß die chemische Reaktion zwischen Natriumkarbonat und Aluminiumsulfat der Erzeugung von Kohlensäure dient. Durch Beimischung seifenartiger Stoffe, Saponin und Eiweiß, entsteht eine untrennbare Schaummischung. Sie ist in der Lage, durch die geringe Wichte, auf der Oberfläche brennender Flüssigkeiten zu schwimmen und die Sauerstoffzufuhr zu unterbinden. Es mußten aber erst über 30 Jahre vergehen, bis das Schaumlöschverfahren im Feuerlöschwesen Fuß faßte.

Im Jahre 1903 wurde aus den USA ein Verfahren bekannt, bei dem ein „blasenartiges Schaummittel", erfunden von E. Gates, Flüssigkeitsbrände erstickte. Es waren die Anfänge der mechanischen Schaumerzeugung. Ständige Weiterentwicklungen der Technik und Güte führten zu einem Schaumlöschapparat, welcher von Alexander Laurent 1904 auf den Erdölfeldern bei Baku mit Erfolg eingesetzt wurde. Aus diesem Patent entwickelte sich im Jahre 1907 das Perkeo-Schaumlöschverfahren Salzkotten. Es basiert auf der Mischung von zwei chemischen Flüssigkeiten, welche unter Druck einen kohlensäurehal-

142

tigen Schaum bilden, der über Schläuche oder Rohrleitungen dem Brandobjekt zugeführt wird. Das Volumen des entstandenen Schaumes wird versechsfacht. Bereits 1910 führte die Hamburger Feuerwehr mit dem obengenannten Verfahren in den Deutschen Erdölwerken Wilhelmsburg Versuche durch. Führende Persönlichkeiten des preußischen Feuerwehrbeirates wohnten diesen Versuchen bei. Ihre positiven Berichte ließen auch das Ausland aufhorchen. Vorwiegend England und Holland zählten zu den Interessenten. Das übereinstimmende Urteil der damaligen Sachverständigen lautete: „Zur Zeit ist das Schaumlöschverfahren das einzige der Wissenschaft bekannte Mittel, um Flüssigkeitsbrände zu ersticken."

Die Perkeo-Feuerlöschschaumgeräte wurden fahrbar und als Handlöscher hergestellt. In Wien, Berlin, sogar in Petersburg war die Bestückung von Großgaragen mit Perkeo-Schaumlöschgeräten vorgeschrieben. Die Kaiserliche Marine führte das Schaumlöschverfahren auf Werften und Kriegsschiffen, vorrangig Unterseebooten, ein. Feuerwehrfahrzeuge und andere Kraftwagen hatten den Perkeo-Löscher als Selbstschutz an Bord. In vielen deutschen Betrieben wurde das Schaumverfahren polizeilich verordnet.

1914 machte eine wichtige Neuerung von sich reden: Der Stankö-Schaumgenerator (von Stanzig und König, zwei Wiener Ingenieure). Ihre Erfindung beruhte auf der Auflösung trockenen chemischen Pulvers durch Druckwasser. So entstand durch Vermischung chemischer Schaum. In den Bemühungen zur Vervollkommnung des Schaumes, spielte das Schaumtrockenverfahren von Minimax-Perkeo eine wichtige Rolle. 1925 wurden damit in Neuruppin Großversuche durchgeführt. Das damals verwendete Einheitsstammpulver bestand aus einem trockenen Gemisch von einem alkalisch und einem sauer

Zwei der ehemals berühmten Kometschaumrohre.

Einsatz von Schaum bei einem Brand in der chemischen Industrie.

reagierenden Salz. Dem Wasserstrom zugeführt, entstand Kohlendioxid, welches die Schaumbläschen füllte. Aus 1 kg Pulver entstanden 70 l Schaum. Dieser Schaum erreichte die Konsistenz „fester Schlagsahne", wie es damals hieß, und konnte durch Feuerwehrschläuche geleitet werden. Ein Schaumgenerator diente dabei als Erzeugungsgerät. Das von oben aufgefüllte Löschpulver wurde im unteren Teil vom Druckwasser mitgerissen und im Schlauch zu Schaum umgewandelt.

Aber eine revolutionäre Idee stellte alles bisher Dagewesene in den Schatten. 1923 kam Clemens Wagener der Gedanke, nur einfach Luft als Füllgas der Schaumbläschen zu verwenden. Diese Methode fand seine Krönung durch Wilhelm Friedrich. Sein sogenanntes Kometrohrpatent 1932, in dem durch die Strömungsenergie des Wasser-Schaumgemisches die Luft im Schaumrohr selbst angesaugt wird, ging in das Feuerlöschwesen der Welt ein. Als Luftschaum (Strahlrohrschaum) verdrängte es seit dem 2. Weltkrieg alle bisherigen Verfahren der Schaumerzeugung. Der Siegeszug der Luftschaumerzeugung hat sich bei fortschreitender Verbesserung der Schaummittel bis in unsere Zeit fortgesetzt. Dieser heute noch mit Erfolg angewendete Strahlrohrschaum (Schaum bildet sich erst im Strahlrohr), macht den Feuerwehrmann zum Beherrscher aller Arten von Flüssigkeitsbränden.